Wilhelm Mannstaedt, Gustav Steffens, Gustav Görss

Der tolle Wenzel

Posse mit Gesang in vier Akten

Wilhelm Mannstaedt, Gustav Steffens, Gustav Görss

Der tolle Wenzel
Posse mit Gesang in vier Akten

ISBN/EAN: 9783744631365

Hergestellt in Europa, USA, Kanada, Australien, Japan

Cover: Foto ©Thomas Meinert / pixelio.de

Weitere Bücher finden Sie auf **www.hansebooks.com**

Als Manuscript gedruckt!

Für sämmtliche deutsche Theater im ausschließlichen Debit des Unterzeichneten erschienen, und ist von ihm allein das Recht der Aufführung zu erwerben. — Für Oesterreich-Ungarn beliebe man sich an meinen Rechts-Vertreter Herrn **Dr. O. F. Eirich,** Hof- und Gerichts-Advokat, **Wien I., Hohenstaufengasse 4,** zu wenden.

A. Entsch,
Berlin NW., Mittel-Straße 25.

Der tolle Wenzel.

Posse mit Gesang in vier Akten

von

W. Mannstaedt.

Couplets und Quodlibets von Gustav Görß.

Musik von H. Steffens.

Dieses Manuscript darf von dem Empfänger weder verkauft, noch verliehen, noch sonst irgendwie weiter gegeben werden, widrigenfalls gerichtliche Bestrafung wegen Mißbrauchs und Schadloshaltung des Autors beantragt wird.

Duplikate werden extra berechnet.

A. Entsch,
bevollmächtigter Vertreter des Autors.

Berlin 1882.

Personen.

Frosch, Geheimrath.
Hedwig, dessen Tochter.
Erna, Schauspielerin, dessen Nichte.
Frau Sieglitz, Gutsbesitzerin.
Max Wenzel, deren Neffe.
Wentzel, Registrator in einer kleinen Stadt.
Arthur von Rittersporn.
Schusselich, Kanzleibote.
Lola, Blumenmädchen.
Hans, Gebirgs-Führer.
Frau Kiebitz.
Stille, Dichter.
Ella Minkwitz.
Laura,
Emma, } Hedwig's Freundinnen.
Lina,
Minna, Erna's Kammermädchen.
Ein Laternen-Anzünder.
Nachtwächter.
Eine Kuchenfrau.
Badegäste, Herren und Damen.

Ort der Handlung:
Im ersten Akt in einem kleinen Badeorte, in den andern Akten in Berlin.

Erster Akt.

(In einem kleinen Badeort. Im Hintergrund praktikable waldige Anhöhe. Mittelgrund rechts, elegante Gasthaus=Villa, nach vorn mit praktikabelem Balkon, ein hübsches Gitter schließt den Mittelgrund ab. Links vorn eine halb geschlossene, nach vorn offene Laube mit Tisch, Stühlen ꝛc. Eine Straßenlaterne am Gitter oder Hause.)

1. Scene.

Arthur. Mehrere Herren. (Dann) **Minna** und **Schusselich**.

(Die Einleitungsmusik geht über in ein kurzes Ständchen. Die Herren singen dem Balkon zugewandt.)

No. 1. Ständchen.

Liebchen, horch auf meine Lieder!
Bittet flüsternd jeder Ton;
Nicke freundlich zu mir nieder
Sonst ist all' mein Glück entflohn!
:,: Denn die Welt erhält durch Dich,
Holde Maid, erst Werth für mich! :,:

(Schließt mit einem wiegenden Tänzeln auf dem Platz.)

Arthur (nach dem Balkon blickend). Keine Spur von der göttlichen Erna ist zu sehen.

Minna (aus dem Hause). Fräulein Erna läßt sich erkundigen was das hier für ein abscheulicher Lärm wäre?

Arthur. Was? Unser Ständchen nennt sie Lärm?

Minna. Sie ist von der Matinée etwas erschöpft und bedarf der Erholung. Also bitte meine Herren —

Arthur. Ihr Wunsch ist uns Befehl. Ich werde ihr nachher meine Aufwartung machen und sie zum Souper einladen.

Alle. Hahaha, vergebliche Mühe!

Arthur. Das wird sich finden. Ich bin ihr eifrigster Verehrer. Während ihres Engagements in Wien habe ich ihr jeden Abend ein Bouquet geworfen und jeden Morgen einen Blumenkorb geschickt. —

Alle. Nun, und dann —?

Arthur. Dann hat sie mir die Thür vor der Nase zu= schlagen lassen. Aber Arthur von Rittersporn läßt sich nicht so leicht abschrecken. Ich habe damals mit einem anderen ihrer Verehrer, dem sogenannten tollen Wenzel, eine Wette gemacht, daß ich mit der göttlichen Erna doch nochmal soupiren werde. Ich bin ihr gefolgt nach diesem kleinen Badeort, hier werde ich endlich ihre nähere Bekanntschaft machen und vielleicht heute noch —

Alle. Fürchterlich abfallen. Hahaha!

Arthur (erregt). Ihr glaubt mir nicht? Ich gehe jede Wette ein, daß ich noch heute mit der göttlichen Erna soupiren werde.

Alle. Angenommen.

Schusselich (komische Maske eines kleinen Beamten ist schon früher von hinten gekommen, hat ein Stück Papier in der Hand und vergleicht Arthur mit dem darauf befindlichen Signalement). Erna, Souper, Wette? (Zu Arthur.) Heißen Wenzel?

Arthur (derb). Sie wünschen!

Schusselich (das Signalement vergleichend). Nichts! Stimmt nicht. Wenzel blond, Sie blau! Können gehn!

Arthur (grob). Mein Herr!

Schusselich. Pst! Discretion und Verschwiegenheit. Adieu!

Arthur (sich zu den Herren wendend). Verrückt! Kommt, Freunde, wir wollen der göttlichen Erna die Ruhe nicht stören. Nachher komme ich wieder und gewinne meine Wette. (Alle Herren das Ständchen singend, tänzeln links ab.)

2. Scene.

Minna. Schusselich.

Schusselich (prüft beim Abgang jeden der Herren). Kein Wenzel dabei, aber werde ihn schon entdecken. (Wendet sich zu Minna, die sich in der Laube zu thun machte.) Sind Mädchen?

Minna. Allerdings, und Sie?

Schusselich. Pst! Discretion und Verschwiegenheit. Kennen Sie Wenzel?

Minna. Nein —

Schusselich. Pst! Also noch nicht hier? Aber er wird kommen, Sie werden mir melden —

Minna. Wer ist denn dieser Wenzel? Habe schon so viel von ihm sprechen hören?

Schusselich. Pst! Bummler. Soll heirathen, will nicht — ich sollte ihn holen, habe Zug versäumt, er schon abgereist, wird hierher kommen; Erna, elektrische Anziehungskraft, muß mit, Sträuben hilft nichts, ich habe Reisekasse. Wenn er kommt, mir Wink geben! Nicht wahr?

Minna. Wie komme ich dazu?

Schusselich (schmunzelnd). Sind doch angenehmes Mädchen? Hübsch, niedlich, grüne Backen, gelbe Haare —

Minna. Sie meinen rothe Backen —

Schusselich. Möglich, kann nicht unterscheiden, bin farbenblind.

Minna. Wer sind Sie denn eigentlich?

Schusselich. Pst! Discretion und Verschwiegenheit. Komme wieder. Adieu! (Schnell links ab.)

3. Scene.

Wenzel (angehender Vierziger, etwas auffallenden Sommeranzug, breitkrämpigen Strohhut, Botanisirbüchse mit Pflanzen, Sonnenschirm, kommt lebhaft von der Anhöhe).

No. 2. Auftrittslied.

Seid mir gegrüßt, ihr Klapperstörche,
Seid gegrüßt viel tausend Mal
Kuckuck, Nachtigall und Lerche,
Hügel, Wiesen, Berg und Thal!
Fröhlich sing' ich lustige Lieder,
Selig kenn' ich mich kaum wieder,
Schweif ich hier durch Wald und Flur:
:,: O wie schön bist Du Natur! :,:

Kennen würd' mich sicher Keiner
Und ich lachte, sagt mir Einer:
„Sieh mal, der da mit dem Ränzel,
Das ist Registrator Wenzel,
Der sonst hinter Acten schwitzte
Und die Posenfeder spitzte
Ist jetzt rein, wie umgekrempelt
Und zum Menschen erst gestempelt

Denn die Freiheit
Ist ihm Neuheit
Und er jubelt laut sein Lied
Denn er sieht
Hier vom Vorgesetzen keine Spur.
Hier ist er von Herzen froh
Hier denkt er nicht an's Büreau
Hier schlürft er Ozon nur ein
Und läßt Acten Acten sein.
Hier ist gar nichts, was ihn treibt
Hier wird nur Natur gekneipt.
Hier stört Niemand seine Ruh
O Natur, wie schön bist Du!
O Natur, o Natur
Wie schön bist Du!

So vergnügt bin ich in meinem ganzen Leben nicht gewesen! Wenn man, wie ich, zehn Jahre hinter dem Schreibtische hockt, und aus dem ewigen Einerlei höchstens mal durch eine Nase von den hohen Vorgesetzten aufgemuntert wird, da hört schon alles Vergnügen auf. Man vertrocknet so gewissermaßen bei lebendigem Leibe. Auch befinde ich mich auf einer höchst verhängnißvollen Reise, von der meine ganze Zukunft abhängt. Aber, man muß Alles von der besten Seite anfassen. Den Kanzleisecretär habe ich in meinem Koffer vorausgeschickt und ich leiste mir den Genuß als Tourist hinterherzuspazieren. Vier Meilen immer durch Berg und Wald, Blumen gepflückt, Käfer gesammelt, gesungen und gejodelt, großartig! Nun fehlt mir bloß so'n kleines pikantes Reise-Abenteuer. (Sieht sich erschrocken um.) Es wird doch kein Vorgesetzter in der Nähe sein. (Erblickt Schuffelich.)

Schuffelich (kam von links, verglich das Signalement). Das Signalement könnte passen. (Geht in großem Bogen um Wentzel herum.)

Wentzel (verfolgt ihn mit verwunderten Blicken, beide begrüßen sich aus der Entfernung sehr höflich). Sie wünschen?

Schuffelich. Pst! Discretion und Verschwiegenheit! (Rechts ab.)

Wentzel (allein). Ich dachte dies sei ein Badeort, aber ich muß wohl aus Versehen in eine Irrenanstalt gekommen sein. (Faßt nach dem Leibe.) Merkwürdig, ich habe hier so 'ne eigenthümliche Empfindung — so ungefähr, als wenn ich etwas recht

Gutes essen möchte. — Genau weiß ich's zwar nicht; wenn man täglich Aktenstaub schluckt, da geht aller Appetit verloren. Aber, ich kann's ja mal probiren. (Ruft.) He Kellner. (Besinnt sich.) Nein, lieber nicht, in so 'nem Badeort kann man leicht ausgezogen werden. Berlin soll auch 'n theures Pflaster sein, mit Bleichröder stehe ich auf keinem Duzfuß, da werde ich mir lieber den Appetit verkneifen, nach der Eisenbahnstation wandern und mit dem Nachtzug nach der Residenz fahren; dann spare ich gleich die Kosten für's Logis. Bin neugierig wie mich der gestrenge Herr Rath empfangen wird. Ah, was kümmert mich jetzt der Rath, heute bin ich Tourist, heute bin ich vergnügt wie ein Kibitz auf der Wiese. (Jodelt.) Holdrio oho! (Hinter der Scene singt Lola denselben Jodler. Er stutzt.) Herrjeh, da ist ja'n Echo! Holdrio oho! (Echo.) Es geht doch nichts über die Natur, so'n Echo giebts in meinem Bureau gar nicht. Holdrio oho! (Lola jodelt immer weiter. Verwundert.) Das hört ja gar nicht wieder auf? Schon mehr Revolver=Echo! (Horcht.) Ich habe gar nicht gewußt, daß ich so'n angenehmes Organ besitze. Oder bin ich das am Ende gar nicht gewesen? (Geht suchend nach hinten.)

4. Scene.

Wenzel. Lola.

Lola (Blumenmädchen, etwas phantastisch ausgeputzt, Blumenkörbchen, erscheint auf der Anhöhe, der Jodler geht in das Auftrittslied über, während welchem sie allmälig in den Vordergrund kommt.)

No. 3. Auftrittslied.

Wer kauft ein Sträußchen von Rosen mir ab,
Die selber im Garten gepflücket ich hab,
Wer kaufet ein Sträußchen Vergißmeinnicht,
Das schon durch den Namen von Liebe spricht,
Auch Nelken und Primeln die habe ich hier,
Wer will ein bescheidenes Veilchen von mir?
Und wer von mir täglich sein Sträußchen begehrt,
Dem wird auch 'ne blaue Kornblume verehrt.
Ich bin ja im Orte beliebt und bekannt,
Bin Lola, das Blumenmädchen genannt.

Du mußt in die Fremde, soll Glück Dir erblühn,
Sprach zu mir die Mahm, so lang Du jung bist hinziehn.

Da zog ich vom Süden nach Norden hinauf
Und halte hier liebliche Blümerl zu Kauf.
Der Handel geht gut und i woß a warum
Dös merkt i doch längst schon — i bin nit so dumm,
Daß mehr, wie mei Blümerl die Käufer besticht,
Mei blitzblaues Augerl und's ros'ge Gesicht,
Drum bin i am Ort a beliebt und bekannt,
:,: Bin Lola :,:
Das Blumenmädel nur genannt.

Wentzel (nach dem Liede sie bewundernd betrachtend). Es geht doch nichts über die reine ungefälschte Natur!
Lola (ihn lachend ansehend). Na, was san Sö denn für a Schlankerl, Ihnen hab i a noch nie hier 'rumhopsen g'sehn?
Wentzel (lachend). Wird denn hier gehopst?
Lola. Freili! Morgens am Brunnen! Da kummt a Jeder mit 'nem Becher und dann schlucken's das abscheuliche Zeug! Brrr! Soole nennen's das. Und nach'er dann machen's sich auf die Sohlen. So im Gänsemarsch, stundenlang durch die ganze Allee (imitirt alles) hopsen's herum. Die jungen Fräuleins und Weiberl ganz zimperlich und die dicken alten Mannsleut, die pusten und schnauben — puh. — Wenn Sö nach'er a so mit hopse, jeckerl wird das aber a Gespaß. (Plötzlich sehr freundlich und kokett.) Nu kaufen's mir aber a Blümerl ab.
Wentzel. Warum denn?
Lola. Aber san's doch nit so damisch. Kennens mi denn nit? Lola, das Blumenmadel? I bin ja 'ne Sehenswürdigkeit im Bade!
Wentzel (schmunzelnd). Hm! Das glaube ich.
Lola. Alle Herren kaufen mi a Sträußel ab, besunders die Alten — und dann wollen's mi immer an die Backen tatscherln, aber dann göbts was auf de Finger.
Wentzel (sich nähernd). Darauf hin würde ich es schon riskiren.
Lola (abwehrend). Erst kaufen's a Sträußerl!
Wentzel. Was kostet denn das?
Lola. So a schöner Herr, wie Sö san, wird doch nit fragen was so a Blümerl kost! —
Wentzel (wohlgefällig). Schöner Herr, sagt sie, das kann ja ein allerliebstes Abenteuer werden. (Zieht sein Portemonnaie und sucht darin.) Schade, habe gar kein kleines Geld.

Lola. Oh, bitt schön, i nehm a großes, Herr Baron. Dafür steck i Jhnen a die Rose selbst in's Knopfloch. (Steckt ihm die Rose an.)

Wentzel. Baron? Du bist eine kleine Schmeichelkatze. (Klopft ihr die Backe.)

5. Scene.

Vorige. Hans. (Dann) Schusselich.

Hans (kräftige Figur, hohe Stiefel, Hemdsärmel, Joppe über die Schulter, dicken Stock, war schon früher aufgetreten, tritt jetzt ärgerlich zwischen Beide). Hände weg!

Wentzel (erschreckt zurückprallend). Nanu, wer ist denn das?

Lola (lachend). Ach, das ist blos der Hans!

Hans. Ja wohl, 's ist blos der Hans! Dem es aber durchaus nicht paßt, wenn Du mit dem ersten Besten schön thust! —

Lola. Aber, Hans!

Wentzel. Erlauben Sie mal, Sie gemüthlicher Landbewohner —

Hans. Ich erlaube gar nichts, im Gegentheil, ich verbiete Ihnen ein für allemal —

Wentzel. Nana!

Lola (leise zu Wentzel). San's staadt, der kann sehr grandig werden. —

Wentzel (ängstlich zu Hans). Die Kleine sollte mir blos den Weg zeigen. —

Hans. Das ist mein Fach, ich bin Fremdenführer; wenn Sie vielleicht eine Tour nach der schönen Aussicht mit mir machen wollen? — (Droht mit dem Stock).

Wentzel. Ich danke, Sie haben mir hier schon die schönste Aussicht verdorben.

Hans. Ich bin auch Eseltreiber, wollen Sie Esel?

Wentzel. Nee, nee, von der Sorte werden Sie auch ohne mich genug haben. —

Hans (drohend). Na, was wollen Sie denn überhaupt?

Wentzel (mit Seitenblick auf Lola). Eigentlich wollte ich nur mal die unverfälschte Natur genießen, aber es ist mir zu gewitterschwül! Können Sie mir nicht den nächsten Weg nach der Eisenbahnstation weisen?

Hans. O ja, ich werde Ihnen die Wege schon weisen. Hier rechts herum, dann links herum, geradeaus bis zum

Kreuzweg, links in die Höhe, rechts runter, beim dritten Birnbaum quer durch und dann fragen Sie mal wieder nach. —
Wenzel. Danke für gütige Auskunft.
Hans (sehr grob). Glückliche Reise. —
Wenzel (für sich). Ich hatte mir so'n Abenteuer eigentlich ganz anders gedacht. — Empfehle mich allerseits! (Schnell rechts ab.)
Schusselich (war schon früher gekommen, hat wieder Wenzel mit dem Signalement verglichen, — mit großen Schritten hinter ihm her).

6. Scene.
Lola. Hans.

Lola (geht auf Hans zu). Hans, dös lass' i mi nit mehr g'falle.
Hans (ärgerlich auf und abgehend). Ich auch nicht!
Lola. Wenn ich a'n bissel freundli mit den Herren thue, dös g'hört zum Geschäft, deshalb bin i doch'n anständiges Madel!
Hans. Es paßt mir aber nicht. —
Lola. Mir paßt es a nit, wenn Du immer die feinen Damen auf den Esel hilfst, und dabei alleweil Dein G'spaß machst!
Hans. Das ist mein Geschäft.
Lola. Dann darfst mia keine Vorwürfe mache und nu laß mi mei Ruh!
Hans. Das werde ich auch! Heute noch gehe ich nach Berlin. —
Lola. Was?
Hans. Die feinen Damen haben mir oft gesagt, ich sei viel zu schade für's Land.
Lola (ärgerlich). Das haben mir die feinen Stadtherrn a g'sagt.
Hans. Ich habe auch bereits eine hervorragende Stellung angenommen.
Lola. Dann such' i mi halt a so 'ne hervorragende Stellung.
Hans. Du? Ein Blumenmädchen? Haha!
Lola. Und Du? Ein Eseltreiber? Haha!
Hans. Wir werden ja sehen, wer es am weitesten bringt.
Lola. Das werden wir sehen.

Hans. Ich heirathe eine feine Berlinerin!
Lola. Und ich 'nen feinen Berliner!
Beide (wüthend gegeneinander). O Du, Du, Du —!

No. 4. Duettino.

Beide.
Auf der Stelle woll'n wir scheiden,
Ich werd' Dich auf ewig meiden,
Lola.
Nach Berlin will i zieh'n,
Hans.
Neues Leben wird dort blüh'n,
Beide.
Lebe wohl, lebe wohl, auf Nimmerwiederseh'n.
(Nach entgegengesetzten Seiten erregt ab.)

7. Scene.

Schusselich. (Dann) **Wenzel.**

Schusselich (kommt athemlos zurück). Das kann doch der richtige Wenzel nicht gewesen sein, lief ja wie'n Windhund. (Sieht nach hinten.) Pst, kommt schon wieder'n Fremder, will ihn beobachten. (Zum Publikum.) Diskretion und Verschwiegenheit. (Eilt hinter die Laube.)

(Es wird allmälig dunkel.)

Wenzel (eleganter junger Mann, blond, kommt von der Anhöhe).

No. 5. Auftrittslied.

Den „tollen Wenzel" nennt man mich,
Auch manchmal „Schwiemelant",
Denn wo ich bin, ist's sicherlich
Auch immer amüsant!
Ich singe, wie der Wachtel singt,
Bis zu dem C Tenor;
Ich declamire, wenn Sie woll'n,
Hier Ihnen gleich was vor.
Kurz, wo ich bin, geb' ich mich nur,
Wie mich der Himmel schuf —
:,: Leichtlebig bin ich von Natur —
Doch besser als mein Ruf! :,:

Endlich werde ich das Ziel meiner Sehnsucht erreichen. Endlich bin ich dem Käfig entschlüpft, in dem man mich fast ein halbes Jahr festgehalten hat. Mich, den tollen Wenzel, unter Kuratel stellen. Man verlangt, daß ich mein Geld auf die hohe Kante legen soll, Thorheit! Ist das Geld nicht rund? Will es nicht rollen? Und ich habe es ordentlich rollen lassen. Bis meine alte Erbtante sagte: Halt, mein Junge, bis hierher und nicht weiter. Ich mußte zu ihr auf's Land, und ich fühle mich nur wohl in der großen Stadt. Die Natur mag ja soweit ganz schön sein, aber ich schwärme für die Kunst, für die Künstler und vor allen für die göttliche Erna! Ich habe ihr einen be- und wehmüthigen Brief geschrieben, daß man mich mit Gewalt anderweitig verheirathen will, daß ich ein trübseliger Bureaumensch werden soll, während ich doch für die Kunst geboren bin. Endlich wird und muß sie mich erhören. Es hat Mühe genug gekostet, unbeobachtet hierher zu kommen. Mein zukünftiger Schwiegervater hatte mir einen besonderen Reisebegleiter entgegengeschickt, damit ich keine Seitensprünge machen könnte. Aber glücklicher Weise ist er mir bis jetzt noch nicht zu Gesicht gekommen.

Schusselich (kam vor, vergleicht das Signalement). Hier steht blonde Haare, der scheint schwarz zu sein. (Geht wie vorher bei Wenzel in großen Bogen um ihn herum.)

Wenzel (verfolgt ihn mit verwunderten Blicken, Beide begrüßen sich aus der Entfernung sehr höflich). Sie wünschen?

Schusselich. Pst! — Discretion und Verschwiegenheit. (Rechts ab.)

Wenzel (allein). Hahaha, es sollte mich gar nicht wundern, wenn das mein heimlicher Reisebegleiter wäre, dumm genug sieht er aus. Da heißt's vorsichtig sein. Es ist nur unangenehm, daß er die Reisekasse hat. Ah pah, dann wird gepumpt, darin bin ich Meister, die Tante muß ja schließlich doch Alles bezahlen. Und nun zu der göttlichen Erna! (Wendet sich schnell gegen das Haus.)

8. Scene.

Wenzel. Arthur.

Arthur (kam schnell von der rechten Seite, beide stoßen aufeinander). Mein Herr!
Wenzel. Mein Herr!
Arthur. Der tolle Wenzel?!

Wenzel. Herr von Rittersporn!
Beide (heftig gegen einander). Sie hier? Wollen die Wette gewinnen? Lächerlich!
Arthur. Ich werde mit Erna soupiren!
Wenzel. Vorher breche ich Ihnen das Genick! Und dann heirathe ich Erna!
Arthur. Dann durchbohre ich Sie. Uebrigens hat Ihnen Erna verboten, auch nur ihre Schwelle zu überschreiten.
Wenzel. Der tolle Wenzel findet schon andere Wege zu dem Herzen der Göttlichen.
Arthur. Das wird sich finden.
Wenzel. Ja wohl, das wird sich finden.
Arthur. Hahaha! Guten Erfolg! (Schnell in's Haus.)
Wenzel. Hol' Sie der Kuckuk! (Allein.) Nun heißt's, keine Zeit verlieren. Es ist wahr, sie hat mir wiederholt geschrieben, ein so toller Mensch, wie ich, dürfe nie ihre Schwelle überschreiten. Aber sie soll mich endlich persönlich kennen lernen. Darf ich nicht durch die Thür, klettere ich durch's Fenster. Aber wie komme ich hinauf? (Sieht zum Balkon hinauf.)

9. Scene.

Wenzel. Laternen-Anzünder.

Laternen-Anzünder (war schon früher gekommen, hat eine kurze Leiter gegen die Laterne gestellt und das Licht angesteckt, steigt herab und will weiter).
Wenzel (erblickt den Mann). Ah, der bringt Licht in die Sache. Heda, guter Freund, borgen Sie mir mal Ihre Leiter.
Laternen-Anzünder. Das darf ich nicht.
Wenzel (holt Geld aus der Tasche). Hier sind zwanzig Mark. Faust's ganze Habe. (Giebt ihm das Geld.)
Laternen-Anzünder (schmunzelnd). Donnerwetter.
Wenzel. Jetzt gießen Sie einen auf die Lampe, in 'ner Viertelstunde können Sie Ihre Leiter wieder abholen. (Nimmt die Leiter und geht gegen das Haus.)
Laternen-Anzünder. Meinetwegen. (Für sich.) Die Sache scheint mir sehr verdächtig. Das ist'n Einbrecher, ich rufe die Wächter. (Laut.) Viel Vergnügen, mein Herr! (Rechts ab.)
Wenzel (stellt die Leiter gegen den Balkon). So, nun hinauf in den Himmel meiner Liebe. (Steigt einige Sprossen, sieht sich dann um.) Es kommt doch Niemand? (Erblickt den hinten

auftretenden Wenzel.) Sapperment, da ist wirklich ein unberufener Gast. Will ihn erst vorübergehen lassen. (Steigt von der Leiter und geht vorsichtig rechts ab.)

10. Scene.

Wenzel. (Dann) **Laternen-Anzünder, mehrere Wächter, Wenzel, Arthur.** (Dann) **Schusselich.**

Wenzel (kommt schnell aus dem Hintergrund). Da laufe ich nun schon 'ne ganze Stunde und kann die Eisenbahnstation nicht finden. (Sieht sich um.) Hier muß ich doch schon mal gewesen sein? Wahrhaftig, hier war ja der grobe Kerl vorhin. (Sieht die Leiter.) Was ist das? Eine Leiter? Was hat das zu bedeuten? Spitzbuben, Einbrecher, was sonst? Denen wollen wir das Handwerk schon legen. (Geht zur Leiter, besinnt sich.) Eigentlich geht mich die ganze Geschichte nichts an. Aber wenn ich den Kerl atrappirte, das könnte mich bei meinem gestrengen Geheimen Rath sehr empfehlen. (Steigt langsam hinauf.)

Laternen-Anzünder (ist mit mehreren Nachtwächtern, altmodisch mit Spieß und Horn, gekommen und haben sich leise herangeschlichen). Seht, da ist der Kerl! Eben will er in's Fenster Nun man druff, wie der alte Blücher!

Alle (stürmen zur Leiter). Halt da, herunter von der Leiter!

Wenzel. Erlauben Sie, meine Herren, ich bin ein ganz anständiger Mann.

Alle. Das kann Jeder sagen. Herunter.

Wenzel. Ich wollte blos'n Spitzbuben fangen.

Alle. Wir auch, wir auch! (Holen ihn von der Leiter und umringen ihn.)

Wenzel (sich sträubend). Aber so hören Sie doch —

Alle (ihn fortziehend). Fort, zur Wache! (Wenzel wird abgeführt.)

Schusselich (kommt, sieht, was geschehen). Also, das ist doch der tolle Wenzel, nun werde ich ihn mir schon langen. (Hinterher ab.)

11. Scene.

Erna. Minna.

Erna (in eleganter Reisetoilette, erscheint a tempo in der Hausthür, Minna kam vorher, stellt eine Lampe in die Laube und geht dann den Abgehenden nach. Die Bühne wird hell).

Nr. 6. Auftrittslied.

Es ist wirklich doch zum Lachen,
Was für komisch närr'sche Sachen
Man erlebt als Künstlerin
Durch der Männer tollen Sinn.

Jeder Mann um Liebe flehet
Und vor Sehnsucht fast vergehet,
Dieser heftig applaudirt,
Jener ist zu tief gerührt.

Einer nur von Weitem schmachtet
Nur nach einem Blicke trachtet,
Und ein Andrer ist beglückt,
Wenn er Blumenkränze schickt.

Ach, es quälen uns Diverse
Auch durch selbstgemachte Verse,
Manche wieder unbedacht
Singen Ständchen bei der Nacht.

Dieser vor Begeist'rung schwärmet,
Jener sich in Liebe härmet,
Bietet uns im Unverstand
Haus und Hof und Herz und Hand.

Hahaha, es ist zum Lachen,
Was für komisch närr'sche Sachen
Man erlebt als Künstlerin,
Durch der Männer tollen Sinn.
Hahahaha!

Selbst hier in dem kleinen Badeorte kann ich mich vor Verehrern nicht retten, aber ich bin doch neugierig, den tollen Wenzel endlich persönlich kennen zu lernen.

Minna (zurückkommend). Gnädiges Fräulein, soeben führt man den tollen Wenzel, welcher auf der Leiter unseres Balkons ergriffen wurde, zur Wache, weil man glaubt, er sei ein Dieb. —
Erna. Oh, der tolle Wenzel und ein Dieb, das kann nur ein Irrthum sein, sagen Sie den Leuten, ich leiste Bürgschaft für ihn.
Kammermädchen (rechts ab).
Erna. Er war mein glühendster Verehrer. Monate lang haben wir mit einander correspondirt, aber seine Besuche habe ich nie angenommen. Doch nach alle dem, was er mir heute geschrieben, muß ich mich mit ihm aussprechen, auf die Gefahr hin, mich in ihn zu verlieben. Denn wenn er so geistreich spricht, wie er schreibt, und wenn seine Person so liebenswürdig ist wie sein Styl, dann muß man sich schon vor ihm in Acht nehmen.
Minna (kommt zurück). Gnädiges Fräulein, er kommt.
Erna. Gut! Lassen Sie uns allein. Aber melden Sie mir, wenn es Zeit zum Courierzuge ist. Ich muß heute noch nach Berlin.
Minna (in's Haus).

12. Scene.

Erna. Wentzel. (Dann) Minna.

Wentzel (langsam vorkommend, mit Complimenten). Ist mir ganz außerordentlich schmeichelhaft —
Erna (lachend). Sehen Sie, mein Herr. Das kommt von Ihren tollen Streichen —
Wentzel. Ich kann mich von jedem Verdachte reinigen, ich wollte ja nur auf die Leiter, weil ein Spitzbube —
Erna. Spitzbube? Hahaha! Sie wollten ein Herz stehlen?
Wentzel. Gnädiges Fräulein —
Erna. Eigentlich hätte ich Sie Ihrem Schicksal überlassen sollen, aber Ihr Brief war so kläglich —
Wentzel. Mein Brief?
Erna. Setzen wir uns! (Geht zur Laube, für sich). Den hatte ich mir ganz anders vorgestellt, von Verlieben ist da wohl keine Rede!
Wentzel (für sich). Eine reizende Dame. Da bekomme ich doch noch mein Abenteuer. (Beide setzen sich.)

Erna. Also Sie sind auf der Reise nach Berlin und wollen zum Geheimrath Frosch?

Wenzel (verwundert). Das wissen Sie?

Erna. Es stand ja in Ihrem Briefe!

Wenzel. Ach so! Ja wohl! (Bei Seite.) Merkwürdig.

Erna. Und Sie wollen sich dort unausstehlich machen. Das ist lustig.

Wenzel (entsetzt). Im Gegentheil, ich will ihm den Beweis meiner unbegrenzten Ehrbarkeit geben.

Erna (auffahrend). Dann wollen Sie also Hedwig — des Geheimraths Tochter doch heirathen?

Wenzel (aufspringend). Heirathen? Geheimrathstochter? Der Schreck ist mir durch alle Glieder gefahren.

Erna. Sie haben wohl noch nicht gewußt, daß der Geheimrath Frosch mein Onkel ist, mit dem ich allerdings seit meiner frühsten Jugend verfeindet bin, den ich aber mit mir versöhnen werde. Ich treffe Sie dort und werde dann erfahren, ob Sie wirklich ein solch leichtsinniger Mensch sind, wie man behauptet.

Wenzel. Aber, mein Fräulein, ich, ein bescheidener Registrator —

Erna. Also in eine so unbedeutende Stellung hat man Sie gezwungen? Das mußte allerdings Ihren frischen Geist vernichten; aber Sie müssen neuen Muth schöpfen. Vor Allem sind Sie es mir schuldig, offen und ehrlich mit mir zu sprechen. Weshalb suchten Sie mich auf, was wollten Sie, was drückt Sie, was fühlen Sie?

Wenzel. Was ich fühle? O, wenn ich es aussprechen dürfte — (faßt nach der Brust).

Erna. Ohne Scheu! Ich bin auf Alles vorbereitet.

Wenzel. Nun denn — ich fühle —

Erna. Nun?

Wenzel. Einen furchtbaren Hunger!

Erna. Hunger? Hahaha!

Wenzel. Seit heute Morgen habe ich blos zwei belegte Schrippen gegessen.

Erna (drückt auf eine Klingel, die auf dem Tische steht). Und wie steht es mit Ihrem Durst?

Wenzel. Ich könnte das Weltmeer austrinken.

Erna. Daran erkenne ich den tollen Wenzel.

Minna (kommt mit einem großen Brett, auf welchem Schüsseln, Braten ꝛc.). Hier bringe ich das Souper.

Erna. Was soll das?

Minna. Herr von Rittersporn hat Alles bestellt. Er will durchaus mit Ihnen soupiren. (Servirt auf dem Tisch in der Laube.)

Erna. Diese Frechheit! Weisen Sie ihn fort. Aber das Souper wollen wir annectiren. (Zu Wentzel.) Daß gerade Sie sein Souper verzehren, finde ich sehr komisch.

Wentzel. Sehr komisch. (Bei Seite.) Ich kenne den Mann gar nicht.

Erna. Ich werde Ihnen Gesellschaft leisten. (Präsentirt ihm). Ah, Gänseleber-Pastete! Das ist wohl Ihr Leibgericht? (Reicht ihm die Büchse.)

Wentzel. Für gewöhnlich nicht. Aber heute —

Erna. Dann greifen Sie ordentlich zu, mir ist sie zu schwer.

Wentzel. Mein Magen verträgt Alles. (Füllt sich aus der Büchse auf seinen Teller.)

Erna. Champagner ist ja wohl Ihr Lieblingsgetränk?

Wentzel. Für gewöhnlich nicht. Aber heute kommt mir's nicht drauf an!

Minna (bringt eine geöffnete Champagnerflasche).

Erna. Aber nicht wieder über die Stränge schlagen, wie Sie dies früher gethan haben sollen.

Wentzel. Nur einen Fehltritt habe ich gethan, aber der ist mir recht schlecht bekommen. Ach, wenn ich Ihnen das erzählen dürfte, damit Sie beim Herrn Geheimrath Frosch ein gutes Wort einlegen.

Erna. Ah, nun begreife ich Ihr gedrücktes Wesen, Sie haben noch etwas auf dem Herzen. Beichten Sie, und wenn Ihre Sünden nicht gar zu schlimm sind, sollen Sie Absolution erhalten. Erst wollen wir aber mal anstoßen.

Minna (hat eingeschänkt, die Flasche auf den Tisch gestellt und ist dann in's Haus abgegangen).

Wentzel (anstoßend). Ihre Gesundheit! (Trinkt.) Hahaha, wie das in der Nase kribbelt. — Es wurde nämlich ein patriotisches Fest gefeiert, der Landrath und alle Behörden hatten unterschrieben und da konnte ich mich nicht ausschließen. Erst Festessen; es wurde furchtbar gegessen, und nun erst das Trinken, die vielen Toaste, so was greift an, denn schon aus patriotischem Gefühl mußte ich jedesmal das Glas leertrinken (trinkt das Glas in einem Zuge aus). Endlich wurde getanzt. Durch die Masse Wein hatte ich solche Courage bekommen, daß ich direct auf die Nichte des Herrn Landraths zustolperte. Ehe ich nur recht wußte, was ich that, hatte ich ihr mein Compliment gemacht, die Musik spielte einen Walzer, ich drehte mich mit ihr, dann drehte sich Alles mit mir — ich weiß nicht, meine Beine waren so schwer und mein Kopf so leicht, dann war es wieder umgekehrt und plötzlich war ich selber umgekehrt, der Kopf unten und die Beine oben. Als ich zur Besinnung kam, gewahrte ich, wie zwei Herren meine Dame aufrichteten und davonführten. Das Merkwürdigste aber war, vorher hatte sie eine lange Schleppe gehabt, jetzt war keine Spur mehr davon zu sehen, zwischen meinen Füßen aber befanden sich einige Meter Tüll und Gaze oder Tarlatan. Wie die dahin gekommen waren, weiß ich heute noch nicht; ich weiß nur, daß ich mich unsterblich blamirt hatte. Der Herr Landrath war wüthend und in der ganzen Stadt nennen sie mich seitdem den Walzerkönig.

Erna. Hahaha, Walzerkönig! Aber das geschieht Ihnen recht.

Wentzel. Ich bereue diesen Fehltritt aus ganzer Seele und will dem Herrn Geheimrath Frosch alles ehrlich erzählen, damit er weiß, daß ich nur aus Patriotismus diesen Spitznamen bekommen habe (trinkt).

Erna (ist aufgestanden). Hahaha!

Wentzel (fällt in das Lachen ein). Sie lachen, ja jetzt beim Champagner kommt's mir auch furchtbar lächerlich vor. Oh, zum zweiten Male sollte mir das nicht passiren. Ich fühle eine Begeisterung in mir, ich könnte Ungeheures vollbringen.

Erna (tritt zu ihm). Lassen Sie die Begeisterung nicht wieder erkalten. Sie haben so viel gelernt —

Wentzel. Das habe ich —

Erna. Sie können so Großes leisten!

Wentzel. Das kann ich! (Trinkt das Glas in einem Zuge aus.)

Erna. Sie müssen sich eine feste Stellung in der Welt erringen.

Wentzel (schwankt ein wenig). Ja wohl, eine feste Stellung.

Erna. Und wenn man Sie mit dem Geld noch so knapp hält, Sie haben ein Kapital in Ihrem Kopf —

Wentzel. Ja wohl, einen kapitalen Kopf!

Erna. Unter der Bedingung reiche ich Ihnen meine Hand zum treuen Freundschaftsbündniß. (Reicht ihm die Hand.)

Wentzel (erfaßt die Hand). Welch süßes, weiches Patschhändchen. (Küßt die Hand, will sie an sich ziehen.) Oh, Natur, wie schön bist Du!

Erna (macht sich los, lächelnd). Halt mein Herr, ich dachte Sie hätten sich die tollen Hörner abgelaufen? Aber so sind die Männer: Sie glauben weil ich mich im Jahre etwa 200 Mal verliebe, weil ich tausende von Küssen dulde, hunderttausende von Sehnsuchtsseufzern ausstoße —

Wenzel (ganz verdutzt). Was?

Erna. Das heißt nur auf der Bühne, da müßte ich es im wirklichen Leben ebenso machen? O nein, wie jede andere Dame warte ich, bis der Rechte kommt, und der hat bis jetzt seine Visitenkarte noch nicht abgegeben.

Minna (aus dem Hause). Es ist Zeit zum Bahnhof. (Geht zur Laube und nimmt die Lampe um Erna zu leuchten.)

Erna. Nun denn, fort nach Berlin! (Zu Wenzel.) Auf Wiedersehen mein Freund.

No. 6a. Gesang.
(Leise Begleitung, Walzer.)

Nach Berlin will ich ziehn
Dort wird neuer Lorbeer blühn,
Und dann mag's ja wohl geschehen,
Daß wir uns wiedersehen.

(In's Haus ab.)

Minna (folgt mit der Lampe, die Bühne wird vom Mond erleuchtet, der aufgegangen ist).

13. Scene.
Wenzel. (Dann) **Lola.**

Wenzel (hat ganz verdutzt dagestanden, sieht ihr nach, enthusiastisch). Ein Götterweib! (Erschrickt.) Aber das war ja eigentlich ein neuer Fehltritt, wenn das der Herr Geheimrath erfährt, dann ist es nichts mit der neuen Stellung.

(Die Musik hat leise fortgespielt.)

Lola (weinend von rechts, singt)

Nach Berlin muß i ziehn
Dort wird neues Leben blühn,
Und dann mag's ja wohl geschehn,
Meinen Schatz noch mal zu sehn.

(Schluchzt.)

Wentzel. Herrjeh, da ist ja Lola, die Sehenswürdigkeit des Badeortes. Und in Thränen?
Lola. Ach mein Herr, wissens nit den nächsten Weg nach Berlin?
Wentzel. Was willst Du denn dort, kleines Blumenmädchen?
Lola. I will keine Blümerl mehr verkaufe. I will was Großes werde.
Wentzel. Läßt Dich Dein Vater denn fort?
Lola. Meinen Vater habe i nit g'kannt.
Wentzel. Aber die Mutter?
Lola. 'ne Mutter hab i nit g'habt.
Wentzel (gerührt). Armes Kind! Hast Du denn Geld?
Lola. Dös hab i alles der lahmen Lise geben müssen, die mi verzogen hat, (plötzlich unter Thränen lachend) Sie, dös ist 'ne närrische Person, aber sehr bös, g'hauen hat sie mi grauselich. —
Wentzel. Und ohne Geld willst Du nach Berlin?
Lola. Es geht doch nu nit anders! Hier bleib i nit und wann i den ganzen weiten Weg laufen soll. —
Wentzel (zieht sein Portemonnaie). Ich bin zwar selbst etwas knapp aber das bringe ich doch nicht über's Herz! (Zu Lola.) Ich bin dir ja noch die Bezahlung schuldig für die schöne Rose die Du mir angesteckt hast — hier hast Du fünf Mark — nein, damit kommst Du gar nicht hin — (sucht im Portemonnaie) hier hast Du zehn — nein — dann kommst Du armes Wurm nach der großen Stadt und weißt nicht wohin — (kämpft mit sich) ach was, da hast Du das ganze Portemonnaie. (Giebt ihr schnell des Portemonnaie.)
Lola (freudig). Ah, g'segnes Ihne Gott, Sie lieber guter Herr, dafür werd i Ihnen ewig dankbar sein. Jetzt geht's nach Berlin. Juchhe! (Läuft rechts ab.)

14. Scene.

Wentzel. (Dann) Wenzel. Schusselich. Arthur. Hans. Lola. Erna. Chor.

Wentzel (bleibt gedankenvoll stehen). Das war eigentlich 'ne furchtbare Dummheit, aber das macht der Champagner, die schöne Natur, die schönen Damen; wie komme ich denn nun nach Berlin? (Geht auf und ab.)

Wenzel (erschien hinten). Jetzt muß ich's riskiren, mag draus werden was da will. (Steigt vorsichtig die Leiter hinauf und verschwindet auf dem Balkon.)

Wentzel. Wentzel, Du bist doch ein rechter thörichter Mensch!

Schusselich (war aufgetreten, stellt sich ihm in den Weg). Halt, stehen geblieben!

Wentzel. Schon wieder der verrückte Mensch? Lassen Sie mich gehen!

Schusselich (zieht einen Revolver). Keinen Schritt!

Wentzel (ängstlich.) Ein Räuber!

Schusselich. Keine Bange. Das Ding ist zwar nicht geladen, aber ich schieße doch!

Wentzel. Nehmen Sie doch Vernunft an, denn Geld habe ich keins!

Schusselich. Das weiß ich! Wenn Sie folgsam sind, können Sie vorläufig diese hundert Mark als Taschengeld kriegen. (Zeigt eine Banknote.)

Wentzel. Hahaha, das ist ja eine ganz neue Sorte Spitzbuben. Erklären Sie mir —

Schusselich. Pst! Discretion und Verschwiegenheit. Wollen Sie mir gutwillig folgen?

Wentzel. Wohin?

Schusselich. Zur Eisenbahn. Courierzug.

Wentzel. Und dann.

Schusselich. Berlin, Kaiserhof, Bel=Etage.

Wentzel (freudig). Sie erscheinen mir ja wie ein Bote des Himmels!

Schusselich. Pst! Nur Bote des Geheimrath Frosch!

Wentzel. Was? Und der läßt mich —?

Schusselich. Pst! Wollen Sie folgen?

Wentzel. Mit Wonne!

Schusselich. Bon! (Giebt ihm das Geld.) Hier ist Geld und nun los! (Hilft ihm die Botanisirbüchse umnehmen und steckt sich dann die Champagnerflaschen ein.)

Wenzel (erscheint auf dem Balkon). Alles leer, ich muß hinterher! (Will auf die Leiter.)

Arthur (kam von der Seite). Vorläufig sind Sie oben eingeschlossen. Hahaha! (Nimmt die Leiter weg.)

Wenzel. Verdammte Situation!

No. 7. Finale. Gesang.

Wenzel (zum Aufbruch gerüstet).
Nach Berlin will ich nun ziehn
Dort wird neues Leben blühn
Doch muß ich es laut gestehn
Die Natur war wunderschön.

Hans (mit einem Bündel von rechts.)
Nach Berlin will ich nun ziehn
Dort wird neues Leben blühn
Und dann mag es wohl geschehn
Die Lola noch zu sehn.

Wenzel (auf dem Balkon).
Nach Berlin muß ich nun ziehn
Dort wird neues Leben mir blühn
Und da wird es wohl geschehn
Die Erna noch mal zu sehn.

Badegäste.
Nach Berlin wollen wir ziehn
Dort wird neues Leben blühn
Ach ich muß es doch gestehn
So ein Bad ist wunderschön.

Lola (erscheint auf der Anhöhe in hellem Mondschein).
Nach Berlin muß i nun ziehn
Dort soll neues Leben mir erblühn
Und da wird es wohl geschehn
Mein'n Schatz noch mal zu sehn. —

Erna (zur Reise gerüstet, gefolgt von Minna und Herren und Damen, die Stocklaternen tragen, kommen von hinten).
Nach Berlin muß ich ziehn.
Dort wird neuer Lorbeer mir erblühn
(Zu Wenzel.)
Und dann mag's ja wohl geschehn,
Daß wir uns wiedersehn.

Alle.
Auf Wiedersehn
Auf nach Berlin!
(Malerische Gruppe.)

(Der Vorhang fällt.)

Zweiter Akt.

(Gut eingerichtetes Zimmer, Mittelthür, links zwei Thüren, rechts eine Thür. Links ein Schreibtisch mit Akten ꝛc., langer Tischdecke, rechts ein Stehspiegel.)

1. Scene.

Hedwig. (Dann) **Frosch.**

Hedwig (steht am Schreibtisch und liest einen Brief. Liest): "Angebetetes Mädchen." — Ach wie reizend das klingt, ich bin ein angebetetes Mädchen. — "Jetzt erst fühle ich, wie innig meine Liebe zu Dir ist, seitdem ich erfahren habe, daß man Dich anderweitig verheirathen will. Du mußt die meine werden und wenn ich Dich mit Gewalt entführen sollte." — Das wäre prächtig, eine Entführung habe ich mir immer mal gewünscht. Wüßte ich nur erst, wer der abscheuliche Mensch ist, den ich heirathen soll? Doch nicht etwa der Herr Wenzel, der seit Vorgestern zum Besuch bei uns ist? (Auf den Brief.) Nein, lieber gehe ich mit Dir durch, mein süßer, süßer Arthur. (Küßt den Brief, erschrickt.) O weh, der Vater! (Verbirgt schnell den Brief unter den Akten.)

Frosch (chargirte Figur, bärbeißig, aber nicht karrikirt, kam von links vorn). Was machst Du da?

Hedwig (verlegen). Ich wollte Deine Akten ordnen.

Frosch (sieht sich um). Ist unser Gast noch nicht sichtbar?

Hedwig. Nein, Papa!

Frosch. Hm! Bin neugierig, ihn näher kennen zu lernen. Habe ihn gestern, nach meiner Rückkunft von der Reise, nur oberflächlich sprechen können. Gefällt er Dir?

Hedwig. Als gehorsame Tochter gefällt mir Alles, was Dir gefällt.

Frosch. So ist's recht! Mir scheint Wenzel ein charmanter Mensch zu sein.

Hedwig. Das scheint mir auch so!

Frosch. Desto besser! Denn Du sollst ihn heirathen!

Hedwig (erschreckt). Den fremden Menschen?

Frosch. Ihr werdet Euch schon näher kennen lernen, dann werdet Ihr Euch verlieben, verloben, um meinen Segen bitten, punktum, abgemacht!

Hedwig. Ich habe aber noch gar keine Lust zum Heirathen.

Frosch (bestimmt). Du weißt, ich dulde keinen Widerspruch. Er ist reich, Du bist reich, also eine gute Parthie. Du wirst ihm den Verlobungskuß geben und um meinen Segen bitten. Verstanden?

Hedwig (schüchtern). Ja, Papa!

2. Scene.

Vorige. Lola.

Lola (als Küchenmädchen mit einem Besen, ißt ein großes Butterbrod, kommt jodelnd durch die Mitte). Holdrio oho, holdrio oho!

Frosch (ganz erstaunt). Wer ist denn das!

Hedwig. Das ist ja unser neues Mädchen!

Lola (immer vergnügt). Nun freili, Lola, das Blumenma— nein das Küchenmadel.

Frosch. Du unterstehst Dich hier zu singen?

Lola. I singe den ganzen Tag, dann schmeckt's Essen noch a mal so gut.

Frosch. Essen thust Du wohl auch den ganzen Tag?

Lola. Nur wenn i Hunger hab', und i hab' immer Hunger.

Frosch. Dich hat auch der Himmel in seinem Zorn zum Küchenmädchen gemacht.

Lola. Na, das hab'n der Herr Geheimrath 'than.

Frosch. Mit den Dienstboten ist das gar nicht mehr auszuhalten.

Lola. Mit den Herrschaften a nit. Seit drei Tag bin i in Berlin und dös ist schon der dritte Dienst.

Frosch. Dann kannst Du Dich bald nach dem vierten umsehen. Hast Du meine andern Stiefel geputzt?

Lola. Na, erst mußte i doch den lieben Herrn Wenzel die Stiefel blank machen.

Frosch. Mit dem hast Du auch schon Freundschaft geschlossen?

Lola. Freili, länger als Sö! Ohne den lieben Herrn Wenzel, hätten's gar nit's Vergnügen, mi in Ihrem Hause z'haben.

Frosch. Was?

Lola. Er hat mir ja's Geld g'schenkt, um nach Berlin reisen zu können.

Hedwig. Siehst Du Papa, der Herr Wenzel scheint ein recht leichtsinniger Mensch zu sein.

Frosch. Man wird ihm schon die Flügel beschneiden. Das ist Deine Aufgabe. Wir Männer müssen alle ein wenig unter den Pantoffel, weiter hat das Heirathen überhaupt keinen Zweck.

Lola (kräftig). Dös is richti!

Frosch (wendet sich zu Lola). Ruhig, keine Widerrede, Du wirst ihn heirathen (zu Hedwig) und Du wirst die Stiefel putzen.

Hedwig, Lola. Was?

Frosch. Nein umgekehrt! (Zu Hedwig.) In 'ner Viertelstunde Verlobungskuß, Segen bitten, Punktum! (Zu Lola.) Hinaus! (Links l. ab.)

Hedwig. Ja, Papa! (Rechts ab.)

3. Scene.

Lola. Hans.

Lola (ihm nachrufend). Sö grandiger Hoppedatscher! Holdrio oho!

Hans (als Portier, langer Livreerock, darüber ein breites, goldbesetztes Bandelier, großer dreieckiger Hut, langer Stock mit goldenem Knauf, kommt würdevoll durch die Mitte und stellt sich in Positur). Hab die Ehre!

Lola (verwundert). Jeckerl, wer ist denn dös?

Hans. Ich habe den Auftrag von einem unserer Gäste mich zu erkundigen, ob der Herr Geheimrath zurückgekommen sind von seiner Reise.

Lola (hat ihn erst bewundernd angestaunt, allmälig erkennt sie ihn). Jesses, is denn mögli? Das ist ja der Hans!

Hans (erkennt sie, im früheren Tone). Lola! (Will auf sie zu.)

Lolo (ebenso). Hans!

Beide (wollen sich umarmen, besinnen sich und nehmen wieder die vorige Stellung ein, kurze Pause, während sie sich verstohlen ansehen). Nein, nun gerade nicht.

Hans (wieder pomphaft). Sie sehen, mein Fräulein, daß ich eine hervorragende Stellung erobert habe.

Lola (ihn schüchtern bewundernd). Der Herr Hans sind wohl a General g'worden?

Hans. Höher hinauf.
Lola. Oder gar a Schützenkönig?
Hans. Noch höher! Portier!
Lola. Portier?
Hans. In dem feinsten Wiener Café!
Lola. Hahaha, dös nennt der Hans eine hervorragende Stellung?
Hans. Allerdings! Ich bin ja der Erste in unserm Lokal. Es darf keiner herein, ohne daß ich erst die Thüre aufgemacht habe. — Und einen Respekt genieße ich, fabelhaft. Ich brauche nur zu pfeifen, gleich kommen alle leeren Droschken vorgefahren. Und des Nachts, wenn die Herrn Gäste ungemüthlich werden, dann habe ich die Ehre sie an die frische Luft zu befördern.

Lola (energisch). So, also deshalb sein der Herr Hans aus unsern schönen Bergen fortgegangen, um hier in der Stadt Maulaffen feil z'halten, den ganzen lieben Tag an der Thür z'stehn und sich die Sonne in den offenen Mund scheinen z'lassen?

Hans (empört). Mein Fräulein, Respekt vor der Uniform!
Lola. Ach was, vor dem bunten Rock hab' i gar kanen Respekt, wenn nit an tüchtiger Mensch drin steckt. Siehst Du, Hans, i hab' zwar nur 'ne Küchenschürzen vor, aber i versuch' wenigstens zu arbeiten, wann i a noch nit recht weiß, wie dös g'macht wird. So den Großspurigen spielen, dös is kan Kunststück. (Nimmt ihren Besen und stellt sich ebenso in Positur wie Hans, denselben nachahmend.) Ich habe die Ehre, dem Herrn Portier zu melden, daß der Herr Geheimrath zurückgekommen sind. — Verstanden, Herr Portier?

Hans (wüthend mit dem Stock aufstoßend). Von einer Kammerkatze lasse ich mich nicht beleidigen.
Lola (ebenso mit dem Besen aufstoßend). I laß mi a nit imponiren von an Portier.
Hans. Lola, jetzt ist's wirklich vorbei mit uns. — Ich heirathe die erste beste feine Dame.
Lola. Und i den ersten besten feinen Herrn!
Hans (wüthend). Adieu! (Stolzirt hinaus.)
Lola (allein, sieht ihm nach). Eigentli hätt' i ihn nit so hart behandeln sollen. Er sah zu bildschön aus. Die Masse blanken Knöpfe, und i in der Küchenschürzen. Dös paßt mi nit länger. Aber i kann doch nit Portiere werden! Na, was ganz Großartiges, mit 'nem prachtvollen Kleid, so eng, daß man nit drin gehen kann. Und dann in aner Equipage, immer

die Linden lang kutschiren, dann steig' i bei dem Café aus und sage: „Sö da, Portier, sagen's meinem Kutscher er soll auf mi warten, hier haben's 'n Trinkgeld für Ihre Bemühung. Ach, dös wär' prächtig, und wenn dann der Hans so recht ärgerlich würde, dös wär' a Gespaß, dann würde i halt so fidel und säng' ihm gerad' in's Gesicht: (Singt). Holdrio oho, holdrio oho! —

4. Scene.
Lola. Wentzel.

Wentzel (elegant gekleidet, von links hinten). Holdrio oho, holdrio oho!

Lola. Jeckerl, an Echo!

Wentzel (sehr heiter). Mit uns Beiden geht das immer abwechselnd, damals warst Du das Echo, jetzt bin ich es!

Lola. Ach, mei liaber, guter Herr Wentzel, wie haben's denn g'schlafen.

Wentzel. Großartig. Diese Betten, lauter Daunen, was müssen das für Gänse gewesen sein, die giebt's bei uns gar nicht. Und dann heute wieder der Kaffee, ich glaube, da war nicht mal Cichorien drin?

Lola. Na, den Cichorien hat der alte Geheimrath g'kriegt. Für Sö habe i b' ganzen Kaffeebohnen genommen, drei Loth auf die Tassen. I bin Ihnen ja so dankbar und deshalb müssen's mi a 'nen guten Rath geben.

Wentzel. Da bin ich doch neugierig!

Lola. Wissen's, als Küchenmädel, dös paßt mi halt nit mehr. Warum soll i denn die Herrschaft bedienen, es könnte doch a mal umgekehrt sein. I kann doch a den noblen Ton herausbeißen.

Wentzel. Auf's Beißen verstehst Du Dich, besonders was die Butterstullen anbetrifft.

Lola. I möchte halt recht hoch hinaus, so ganz hoch!

Wentzel. Also auf der Siegessäule. (Imitirt die Stellung der Siegesgöttin.) Es ist nur'n bischen windig da oben.

Lola. Und dann'n halbdutzend seidene Kleider.

Wentzel. Oben kurzen, unten lang.

Lola. Mit 'nem großmächtigen Hut!

Wentzel. Warum nicht'n Dutzend, en gross sind sie billiger.

Lola. Mit lauter Blumen drauf.

Wenzel. Und Gemüse!
Lola. Und so lange Federn.
Wenzel. Nehmen wir doch 'n ganzen Vogel. (Auf den Kopf deutend.) Hier einer (auf die Stirn) und da einer.
Lola. Und dann 'ne Equipage, vorn 'nen Diener, hinten 'nen Diener —
Wenzel. Auf den Pferden auch noch 'n paar!
Lola. Nu sagen's blos, wie mache ich dös?
Wenzel. Ganz einfach, Du wirst 'ne Gräfin!
Lola. Oder Prinzessin!
Wenzel. Ja wohl, Theaterprinzessin!
Lola. Richtig, Theaterprinzessin. Als i noch Blumenmädchen war, sagten die Herren immer: Lola, Du müßtest eigentlich zum Ballet gehen, Du hast so 'ne schöne Stimme.
Wenzel. Zum Tanzen wird sie wohl ausreichen.
Lola. Aussehen werde ich prachtvoll. In dem Kleiderschrank von Fräulein Hedwig hängt ein Maskenanzug, den werde i mal anprobiren und dann müssen's mir sofort eine Stelle beim Theater verschaffen, wenn i auch blos tausend Mark Gage bekomme.
Wenzel. Das Mädchen kann's weit bringen. Und das soll ich —
Lola. Wer denn sonst? Durch Sö bin i nach Berlin g'kommen, also müssen's für mi sorgen. Und zur Belohnung b'kommen Sö'n Bußerl, wie ihn der Hans nie bekommen hat. (Küßt ihn schnell.) Und nun werde i melden, daß Sö aufg'standen sind. Holdrioho! (Singend rechts ab.)

5. Scene.

Wenzel. (Dann) **Schusselich**.

Wenzel (sieht ihr nach). Die ist noch früher aufgestanden, als ich. Das heißt, ich bin mir immer noch nicht ganz einig, ob nicht Alles ein Traum ist. Es ist ja zu wunderbar, was ich ich in den letzten Tagen erlebt habe. Ich schreibe einen demüthigen Brief an den Herrn Geheimrath, melde mich zu der vakanten Stellung und ersuche um eine Audienz, um mich zu präsentiren und von allem etwaigen Verdacht wegen des Fehltritts zu reinigen, da schickt er mir gleich 'nen Reisebegleiter entgegen, wir fahren erster Klasse hieher, ich bekomme das feinste Fremdenzimmer, die Tochter empfängt mich mit ausge=

juchter Liebenswürdigkeit, gestern Abend kam auch der Geheimrath von seiner Reise zurück, behandelt mich wie'n Sohn vom Hause. Na, mir kann's ja Recht sein! Vielleicht ist es Sitte in Berlin, daß die Beamten von ihren Vorgesetzten so rücksichtsvoll behandelt werden. Nur eins genirt mich, mein Reisebegleiter, der närrische Mensch läßt mich nie aus den Augen, wenn ich es am wenigsten vermuthe, dann guckt er durch irgend 'ne Thür.

Schusselich (sieht a tempo durch die Mittelthür). Aha!

Wentzel (erblickt ihn). Sagte ich es nicht? Da ist er schon! Hören Sie mal, alter Freund!

Schusselich. Pst! Discretion und Verschwiegenheit! (Verschwindet.)

6. Scene.
Wentzel. Hedwig.

Wentzel. Was er damit nur sagen will. (Sieht nach rechts.) Aha, da kommt das schöne Fräulein, ich muß nur den Liebenswürdigen spielen. damit sie weiß, daß hinter den Bergen auch noch gebildete Leute wohnen. (Mit Complimenten auf Hedwig zu.) Mein Fräulein, ich hoffe, daß Sie geruht haben, in süßer Ruhe zu ruhen, wie ich mir zu ruhen geruhe — in Ruhe — na ja, wünsche wohl geruht zu haben.

Hedwig (kam von rechts). Ei, mein Herr, Sie werden ja ordentlich galant!

Wentzel. Nur Pflicht und Schuldigkeit, denn die freundliche Aufnahme berechtigt mich zu der Annahme, daß hier ohne Ausnahme die Sitte der Gastfreundschaft noch nicht in der Abnahme ist.

Hedwig. Es gefällt Ihnen also bei uns?

Wentzel. Ich fühle mich wie zu Hause und möchte am Liebsten gar nicht wieder fort.

Hedwig (ängstlich) Also doch! Dann wollen Sie mich wirklich heirathen?

Wentzel (sehr erschrocken). Heirathen? Ich — Sie? — Das geht ja gar nicht!

Hedwig (schnell). Nicht? Ach, das ist ja reizend. (Traurig.) Aber der Vater will es durchaus haben, er weiß ja nicht, daß ich und der Herr von Rittersporn — es ist übrigens gar nicht hübsch von Ihnen, daß Sie sich mit ihm überworfen haben wegen dem dummen Souper —

Wenzel. Rittersporn — Souper?

Hedwig. Oh, ich weiß Alles, er hat mir selbst geschrieben, daß er durchaus mit Erna soupiren wollte.

Wenzel. Jetzt begreife ich, in dem Badeorte?

Hedwig. Und nun sind Sie mit ihm furchtbar böse?

Wenzel. Weil ich sein Souper aufgegessen habe? Nein, das habe ich ihm gar nicht übel genommen.

Hedwig. Das freut mich, denn er hat mich sehr lieb, und wenn er erfährt, daß ich Sie heirathen muß —

Wenzel. Ja, muß denn das durchaus sein?

Hedwig. Der Vater hat es befohlen, und der ist schreck=
lich streng, da darf sich Niemand widersetzen.

Wenzel (bei Seite). Das scheint hier in Berlin Sitte zu sein, wenn man ein Amt bekommt, muß man gleich 'ne Frau in den Kauf nehmen. (Laut.) Ja, was machen wir denn da?

Hedwig. Der Vater hat mir sogar befohlen, Ihnen den Verlobungskuß zu geben.

Wenzel (verwirrt). Ja, wenn der Vorgesetzte etwas be=
fiehlt, muß man als Untergebener gehorchen. (Küßt sie schnell.)

7. Scene.

Vorige. Frosch.

Frosch (tritt a tempo von links vorn ein). Bravo Kinder! Ausgezeichnet.

Hedwig (auseinanderfahrend). Ach der Vater!

Wenzel. Der Geheimrath!

Frosch. Was ist denn da zu erschrecken? Ich habe be=
fohlen, Ihr habt gehorcht, Punktum, abgemacht.

Hedwig. Ja Papa, es war nur kindlicher Gehorsam. (Bei Seite.) Und jetzt schreibe ich meinem süßen Arthur, daß er mit mir durchgeht. (Läuft rechts ab.)

Wenzel (verwirrt). Auch ich weiß, was ich meinem Vor=
gesetzten schuldig bin und als gehorsamer Beamter —

Frosch. Paperlapap, sind ein Tausendschwerenöther, haben es nicht verlernt Mädchenherzen zu kirren. Na, hoffentlich werden Sie von jetzt ab nicht mehr über die Stränge schlagen. Habe Ihrer Tante versprochen Sie zu einem vernünftigen Menschen zu machen?

Wenzel (verwundert). Meiner Tante?

Frosch. Nun freilich! Für eine gute Stellung habe ich gesorgt ganz nach Ihrem Wunsche. Habe nachher Audienz beim Präsidenten, da werde ich gleich Alles in Ordnung bringen. Und wenn ich mit Ihnen zufrieden bin, wer weiß was geschieht. Ich lasse mich bald pensioniren, wie wäre das Herr Geheim= rath in spe!

Wenßel. Ich? Geheimrath? Wie schnell man doch in Berlin Carriére machen kann, es ist großartig.

Frosch. Apropos, kann heute gleich prüfen ob Sie mich repräsentiren können. In meiner Eigenschaft als Bezirksvorsteher und Schiedsrichter erwarte ich verschiedene Parteien, ich habe wenig Zeit, da könnnen Sie für mich eintreten.

Wenßel. Herr Geheimrath, diese Ehre weiß ich zu würdigen. Sie werden sehen, ich bin ein Beamter der Haare auf den Zähnen hat. Zuverlässig, pünktlich, ernst, milde, und wenn es sein muß, grob wie Bohnenstroh. Kurz, gerade so wie der Herr Geheimrath!

Frosch. Hehehe. Gefällt mir. Und Sie sollen ein un= verbesserlicher Windbeutel gewesen sein? Man hat Sie nur nicht zu behandeln gewußt. Ein Tag unter meiner Leitung und Sie sind wie umgewandelt.

Wenßel. Ja wohl, ich fühle mich ganz wie umgewandelt.

8. Scene.

Vorige. Schusselich.

Schusselich (durch die Mitte). Draußen ist eine Dame! Sie kommt wegen der Wohnung.

Frosch. Also Privatangelegenheit. (Zu Wenßel.) Aber Sie gehören gewissermaßen schon zum Hause, empfangen Sie die Dame. Ich habe die zweite Etage zu vermiethen, sieben Zimmer, Wasserleitung u. s. w., ich werde währenddem andere Toilette machen. (Zu Schusselich.) Sie werden von jetzt ab Herrn Wenßel —

Schusselich. Nicht aus den Augen lassen. Weiß!

Frosch. Das ist jetzt nicht mehr nöthig, den fesseln jetzt zartere Bande, nicht wahr? Hahaha!

Wenßel. Ja wohl, hahaha!

Frosch (zu Schusselich). Sie werden Herrn Wenßel von jetzt ab gehorchen als meinem Vertreter. Verstanden?

Schusselich. Mit Discretion und Verschwiegenheit.

Frosch. Und nun führen Sie die Dame herein. Ich komme gleich zurück. (Links vorn ab.)

Wentzel (auf und ab stolzirend). Was man hier in Berlin gleich für 'ne Vertrauensstellung einnimmt. Großartig.

Schusselich (um ihn herumgehend). Also sind gewissermaßen jetzt Geheimrath? Hahaha!

Wentzel (geschmeichelt). Sagen Sie das Wort noch mal?

Schusselich. Sehr wohl Herr Geheimrath.

Wentzel (zuckt freudig zusammen, drückt Schusselich die Hand). Danke Ihnen, können auf Beförderung rechnen. (Sich brüstend.) Führen Sie die Dame herein.

Schusselich (durch die Mitte ab).

9. Scene.
Wentzel. Erna. (Dann) **Frosch.**

Wentzel. So, jetzt heißt es eine würdevolle Positur ein=nehmen, damit ich der Dame imponire. (Versucht verschiedene Stellungen.)

Erna (sehr elegant in schwarzem Costüm, das Gesicht halb ver=schleiert, imitirt eine Französin, durch die Mitte). J'ai l'honneur de me présenter a monsieur le conseiller, et je vous priez que vous me pardonnez, s'il vous plait.

Wentzel (verdutzt). Sagen Sie mal, Sie sind wohl nicht von hier?

Erna. Oh, Monsieur sprecken nickt der französischen Sprake?

Wentzel. Oui, oui, yes, sehr gut, blos die vielen Fremd=wörter geniren mich 'n Bischen.

Erna. Oh, kann ick auch sprecken deutsch.

Wentzel. Es klingt immer gemüthlicher.

Erna. Lieben ick sehr der Deutschen, bin ick gekommen de ma patrie de la belle Paris zu nehmen einer Wohnung dans Berlin.

Wentzel. Nein, eng ist sie gerade nicht. Sieben durch=einanderlaufende Zimmer.

Erna. Tres bién, da können mes enfants, meine Kinder auch hübsch durcheinanderlaufen.

Wentzel. Also Kinder haben Sie auch?

Erna. Vierundzwanzig Stück!

Wentzel (erstaunt). Alles eigene?

Erna. Mais non, dans ma école!

Wenzel. Kohl? Ja, die müssen einen furchtbaren Kohl machen.

Erna. Sie verstehen nicht, école, Skul, Schule!

Wenzel. Ach so, Sie haben eine Schule.

Erna. Oui, oui! Pour les petits enfants. Vierundzwanzig Stück.

Wenzel. Da wird es aber wohl mit der Wohnung nichts werden, wenn den ganzen Tag achtundvierzig Kinderbeine da oben herumtrampeln, das ist zwar sehr nett, aber ich kann mir doch was Schöneres denken.

Erna. Oh, Monsieur, es giebt nichts Schöneres als die education von die Jugend. Haben ick einer sehr guten Methode für die Poetik, die Stylistik, die Grammatik —

Wenzel. Ja im Tik sind uns die Franzosen über.

Erna. Sein es nicht einer großen Freude, wenn die petits enfants lernen die a und die b und die c, und wenn sie lernen zwei mal zwei sein fünf.

Wenzel. Erlauben Sie mal, bei uns ist zweimal zwei vier.

Erna. Mais non, in Frankreich ist zwei mal zwei fünf.

Wenzel. Na ja, die Franzosen müssen immer eins vor uns voraus haben.

Erna. Und wenn Sie nun lernen in die Grammatik: (schmachtend) J'aime, ick liebe.

Wenzel. Mich?

Erna. Tu aime, du liebst.

Wenzel. Ich?

Erna. Il aime, er liebt.

Wenzel (sieht sich um). Wer denn?

Erna. Nous aimons, wir lieben.

Wenzel. Woher wissen Sie denn das Alles?

Erna. Oh, haben ick gehabt einen sehr guten education. Bin ick gewesen prima ballerina.

Wenzel. Was — Baller, baller —

Erna. Ballerina, danseuse — was sick mackt so in die Theater. (Macht Balletstellungen und singt die Melodie dazu.)

Wenzel (ahmt die Stellungen nach). Ach so das nennen wir Tänzerin. Warum haben Sie denn das angenehme Geschäft aufgegeben.

Erna. Weil sick meine gute Mann haben zu Tode gestorben.

Wenzel. Verheirathet waren Sie auch schon?

Erna. Zwei mal. Meine erste Mann war sick in die Orchester und spielte auf die große Brumbaß (ahmt das Baßspielen nach). Und meine zweite Mann mackt sick in die italienische Opera die Liebhaber mit die Tenor (singt mit parodistischen Bewegungen eine Stelle aus dem Troubadour-Miserere Wentzel fällt ein).

Frosch (im Frack, ist schon früher aufgetreten). Was geht denn hier vor?

Wentzel (verwirrt). Die Dame erzählt mir blos Ihre Lebensgeschichte.

Erna (schnell zu Frosch). Ah monsieur, habe Sie mir erschrocke, meiner Nerven, halte Sie mir, ick fallen in der Ohnmacht. (Fällt wie ohnmächtig in Frosch's Arme.)

Wentzel. Herrjeh, lassen Sie sie nicht fallen. Wo ist'n Doctor? Selterwasser, Brausepulver —

Frosch. Aber meine Dame. (Zu Wentzel.) Schnell etwas eau de Cologne. (Deutet nach links.)

Wentzel. Ich fliege. (Schnell links vorn ab.)

Frosch (sucht sich vergebens zu befreien). Fatale Situation, erholen Sie sich doch! (Betrachtet sie schmunzelnd.) Scheint übrigens ein ganz appetitliches Weibchen zu sein.

Erna (als wenn sie allmählig zu sich käme). Ah — mon coeur, je suis mort.

Frosch. Stehen Sie doch auf, wenn man uns überraschte.

Erna (öffnet langsam die Augen, sieht ihn schmachtend an). Ah — was seh ick für eine schöne Mann; mais oui, Sie sein meine liebe gute alte Onkel. (Richtet sich auf und fällt ihm um den Hals.)

Frosch. Meine Dame, Sie irren sich.

Erna (betrachtet ihn). Pardon monsieur, aber hab Sie ganz die visage von meine liebe gute alte Onkel, gerade so eine kleine niedliche Snubnase.

Frosch. Hahaha, wirklich?

Erna (kokettirend). Mais non monsieur, Sie müssen mir nickt angucke mit Ihre große schöne Augen.

Frosch. Schöne Augen?

Erna. Gerade wie meine gute liebe alte Onkel. Ah, wird mir sein ein groß plaisir zu wohne in dieselbe Haus.

Frosch. Eigentlich vermiethe ich nie an alleinstehende Damen. Indeß wenn Sie die Wohnung durchaus wünschen.

Erna. Je vous remercie monsieur, donnez moi votre main,

werd ick mir bilden ein, daß ick wohne bei meine gute liebe alte Onkel. (Reicht im die Hand.)

Frosch (streichelt die Hand). Ein allerliebstes kleines Patschhändchen.

Wentzel (kommt schnell mit einer Kruke). So, dies wird wohl die eau de cologne sein. (Giebt Frosch die Kruke.)

Frosch. Das ist ja die Dinte!

Wentzel. Dann will ich gleich noch mal suchen (eilt fort).

Frosch. Lassen Sie nur, es ist nicht mehr nöthig!

Erna (lächelnd). Non, sein nicht mehr nöthig!

Wentzel (verdutzt Beide betrachtend). Das scheint mir auch so!

Erna (zu Wentzel). Mais ayez la bonté und nehmen Sie die Dinte, und die Feder und die Papier und schreibe Sie den Contract für die Miethe —

Frosch. Ja wohl, lieber Wentzel, die Formulare liegen auf dem Schreibtisch.

Wentzel (geht zum Schreibtisch und setzt sich). Merkst Du was? Der alte Herr hat Feuer gefangen.

Frosch (dictirend). Also schreiben Sie: Ich vermiethe an (zu Erna) Wie ist doch Ihr werther Name?

Erna (nimmt schnell den Schleier ab). Erna, Nichte des Geheimrath Frosch, die sich diesen Scherz erlaubt hat, um endlich in das Haus ihres guten lieben alten Onkels eingeführt zu werden.

Frosch (ganz starr). Meine Nichte!

Wentzel (ebenso). Meine Champagnerdame!

Erna (heiter). Du hast mir so oft sagen lassen, daß Du nicht glaubst an mein Talent, an meine Kunst, nun, da mußte ich Dir doch endlich einen kleinen Beweis geben.

Frosch (wüthend). Ich danke für solche Beweise. Wir haben nichts miteinander gemein. (Zu Wentzel, der die Mitte nimmt.) Sagen Sie der Dame, sie möge sich um eine andere Wohnung umsehen, hier ist kein Platz für sie! —

Wentzel. Ja, aber —

Erna. Immer noch so hartherzig! (Zu Wentzel.) Gut, dann sagen Sie dem Herrn, daß er sich schämen soll, die Tochter seiner Schwester von sich zu stoßen, nur weil sie die Kraft in sich fühlte, auf eigenen Füßen zu stehen.

Wentzel. Ja, aber —

Frosch. Sagen Sie der Dame, daß ich nichts wissen will von einer Theaterprinzessin, die auch die tugendhaften Männer in ihre Netze lockt.

Wenzel. Ja, aber —

Erna. Sagen Sie dem Herrn, es muß um die Tugend eines Mannes schlecht bestellt sein, wenn sie sich so leicht verlocken läßt.

Frosch. Sagen Sie der Dame — nein, sagen Sie ihr lieber gar nichts.

Wenzel. Schön!

Erna. Dann sagen Sie dem Herrn — nein, sagen Sie ihm gar nichts.

Wenzel. Schön.

Frosch (faßt heftig Wenzel's Arm). Sie werden mir zugeben, es ist empörend —

Erna (faßt seinen andern Arm). Ja wohl, es ist grausam und unnatürlich —

Wenzel (macht sich frei). — Wenn Sie mir die Arme ausreißen. Das ist ja eine gefährliche Familie. (Schnell links vorn ab.)

10. Scene.
Frosch. Erna. Hedwig.

Hedwig (kam von rechts a tempo). Ist es möglich, meine liebe gute Cousine? (Umarmt sie.)

Erna. Meine Hedwig, sehe ich Dich endlich wieder.

Frosch. Was ist das? Auseinander.

Erna. O nein, wenn Du auch noch so sehr den Haustyrannen spielst, was zusammengehört, kannst Du doch nicht trennen.

Frosch. Ach was, eine Schauspielerin gehört nicht zu uns, ich bin ein solider Bürger, ein strenger Beamter —

Erna. — Und da glaubst Du, daß nun alle Menschen sein müssen wie Du? Es ist ja sehr schön, daß es solche Musterexemplare giebt, aber Onkelchen, wenn alle Menschen so ernst, so brummig und griesgrämig ausschauten, es wäre ein recht langweiliges Leben auf der Welt. Die Heiterkeit will auch ihre Rechte und darum bin ich stolz darauf, eine Künstlerin zu sein. Denn, wenn ich es nur vermag, auf kurze, flüchtige Stunden die Sorgen und den Jammer durch meine Kunst vergessen zu machen; wenn ich auch nur auf Sekunden die Welt in einem heiteren, freundlichen Lichte erscheinen lassen kann, dann habe ich ebensoviel gewirkt, als andere mit ihren unduldsamen Moralpredigten. Und was gilt die Wette, ich bekehre

Dich auch noch durch meine Kunst, denke nur an die kleine Französin: (Im Ton der Französin.) Oui, oui, monsieur le conseiller, mack Sie nickt einer visage wie die große Wau=Wau! Sein Sie doch toujours fidele et sanssoucie, dann werden wir Alle sein fidel, et nous parlerons, aimerons, jouerons, boirons, chanterons et nous folichonnerons avec tous notre coeur. Au revoir, meine liebe gute, alte Onkel. (Mit Hedwig schnell rechts ab.)

11. Scene.

Frosch. (Dann) **Lola.**

Frosch (wüthend umherlaufend). Soll man da nicht vor Aerger aus der Haut fahren? Und dabei bin ich noch nicht mal ganz angezogen. (Sieht nach der Uhr.) Ich muß ja fort, wo ist denn das Mädchen mit den Stiefeln?

Lola (im Auftreten). Holdrio oho, holdrio oho!

Frosch. Die jodelt schon wieder.

Lola (in phantastischem Maskenanzug, ein Paar Stiefel tragend, durch die Mitte.) Hier sind die Stiefel! Holdrio oho! (Stellt ihm die Stiefel hin.)

Frosch (ohne sie anzusehen). Endlich! Hat lange genug gedauert.

Lola. Was lange währt, wird gut. (Kokettirt mit dem Spiegel.)

Frosch (nimmt die Stiefel). Das sind ja zwei linke.

Lola (immer am Spiegel). Hab' mi a schon g'wundert. Draußen stehen zwei rechte.

Frosch. Ist mir je so 'n dummes Frauenzimmer vorgekommen. (Sieht sie an.) Ja, was ist denn das? Dieser Anzug?

Lola (unbefangen). Nit wahr, kleidet sehr gut? Finden's nit auch?

Frosch. Das übersteigt denn doch alle Grenzen.

Lola. Ja, 'n bisserl kurz ist er.

Frosch. Geh zum Kuckuk!

Lola. Nein, zum Theater!

Frosch. Was? Du denkst auch an die Comödie? Dann bist Du sofort entlassen! (Stürmt mit den Stiefeln links hinten ab.)

12. Scene.

Lola (allein).

Lola. Jesses, jesses, die Herrschaften heut z' Tage, da kann ja'n vernünftiges Dienstmadel gar nicht gegen an. Gegen die Entlassung habe i nix einzuwenden, nun geh' i unter's Theater; i werd' Furore machen. (Sich im Spiegel bewundernd.) Lauter Königinnen und Prinzessinnen werde i spielen, mit 'ner goldnen Krone und 'ner langen Schleppe. Der Hans wird sich ärgern, und i verzeih' ihm nit eher, als bis er vor mir auf den Knieen liegt und sagt: Lola, Du bist doch die Schönste von uns beiden.

Nr. 8. Lied.

O dächte er der Stunden
Im lieben Heimathsort,
Er würde es bekunden,
Daß wir unendlich glücklich dort.
   Beim Erndtetanz,
    Es war am Lindenbaum
  :,: Begann der schöne :,:
    Süße Traum.
Er schlang den Arm mir um das Mieder:
   „Liebe, süße Braut"
Klingt's noch in meinen Ohren wieder,
   „Bald werden wir getraut".
Jeder Pulsschlag sagt es mir,
Daß all' mein Glück wohnt nur bei Dir,
  Mein süßer Schatz, herzinniglich
  Ueber Alles lieb' ich Dich!

Was oft ein Wort verbrochen,
Ein Wort hätt's gut gemacht,
Doch Keines hat's gesprochen,
Ob es ein Jeder auch gedacht.
   Hätt' ich mein Herz
   Nicht schlau verwahrt,
  :,: Es hätte längst sich offenbart :,:
    Hätt' ich nicht schlau verwahrt
Es jubelte ihm laut entgegen:
   „Böser, lieber Mann!"
O fühl' an meinen Herzensschlägen,
  Ob ich Dich lassen kann!?

Jeder Pulsschlag sagt es mir:
All' mein Glück wohnt nur bei Dir,
Mein süßer Schatz, herzinniglich
Ueber Alles lieb' ich Dich!
(Rechts ab.)

13. Scene.

Schusselich. Wenzel. (Dann) **Hedwig. Erna.**

Schusselich (hinter der Scene). Laßen Sie mich gehen. Unverschämter Mensch!

Wenzel (hinter der Scene). Nicht räsonniren. Ich werde Ihm Mores lehren! Vorwärts, hinein!

Schusselich (fliegt durch die Mitte herein). Au! Das ist 'ne Schändlichkeit! Soll Ihnen theuer zu stehen kommen!

Wenzel (hinter ihm her, burschikos gekleidet, Cigarre im Mund, Hände in den Hosentaschen). Will Er wohl den Mund halten, alter Seebär!

Schusselich. Seebär? Beleidigung eines Beamten im Dienst!

Wenzel. Hahaha! Wird Er mich nun endlich melden.

Schusselich (wüthend). Bin kein Er, bin 'ne Sie!

Wenzel. Sage Er dem Herrn Geheimrath, der tolle Wenzel sei hier.

Schusselich. Schwindel! Wenzel ist längst da!

Wenzel. Wenn Er Witze machen will, drehe ich Ihm's Genick um. (Geht auf ihn zu.)

Schusselich (retirirt). Hülfe.

Hedwig (mit Erna von rechts). Was ist denn hier für ein Lärm?

Schusselich. Der grobe Mensch will mir den Körper beschädigen.

Wenzel (immer burschikos). Verzeihung, mein Fräulein! Die alte Unke verwehrt mir den Eintritt.

Schusselich. Unke?

Hedwig. Mit Recht! Der Vater ist nicht mehr zu Hause.

Wenzel. Ah, Sie sind des Geheimraths Töchterlein? Mein Compliment. Ich bin der sogenannte tolle Wenzel.

Hedwig. Unmöglich, mein Herr.

Schusselich. Der ist längst hier!

Wenzel (drohend zu ihm). Stille biste! (Schusselich retirirt. Zu Hedwig.) Bin extra nach Berlin commandirt, um Sie zu heirathen. (Dreht sich im Kreise.) Bitte, mich von allen Seiten zu betrachten. Nicht wahr? Ein patenter Kerl? Und riesig gemüthlich, nur'n bischen grob manchmal. Dann schlage ich alles in tausend Stücke, aber wenn Sie mir hübsch meinen Willen lassen, dann können Sie mich um den Finger wickeln. Nun, wie gefalle ich Ihnen?

Hedwig. Sie scheinen ein unausstehlicher Mensch zu sein.

Wenzel. Ungeheuer schmeichelhaft, dann wissen wir doch gleich woran wir sind. Also wenn wir heirathen, ziehen Sie auf die eine Seite und ich auf die andere und dann lebt ein Jeder wie er Lust hat. Das giebt die glücklichste Ehe.

Hedwig. Es fällt mir gar nicht ein, Sie zu heirathen. Entfernen Sie sich!

Schusselich. Hinaus!

Wenzel (drohend). Stille biste! (Schusselich retirirt.) Also, Sie weisen mir die Thür? Da mache ich mir nun gar nichts draus. So was passirt mir alle Tage. Da bitte ich nur Ihrem Herrn Vater zu melden, daß der tolle Wenzel hier war.

Hedwig. Aber der sind Sie gar nicht.

Schusselich. Das ist'n ganz Anderer!

Wenzel (lachend). Ich werde doch wissen, wer ich bin!

Erna (näher tretend). Nein, mein Herr, der sind Sie nicht!

Wenzel (ganz erstaunt, leidenschaftlich). Erna, ist es möglich! Endlich habe ich das Glück, Sie begrüßen zu dürfen. Grausame, kaltherzige Schöne, Sie, die ich verehre, die ich liebe —

Erna. Aber, mein Herr!

Wenzel. Haben Sie denn gar kein Mitleid mit mir? Hatte ich Sie nicht so dringend gebeten, mir in dem Badeort eine Unterredung zu gewähren? Und doch sind Sie ohne Weiteres abgereist. Glauben Sie denn, daß der „tolle Wenzel" gar so verabscheuungswürdig ist?

Erna. O nein, mein Herr, ich habe sogar mit Herrn Wenzel soupirt.

Wenzel. Mit mir?

Erna. Nein, mit Herrn Wenzel.

Schusselich. Und dann habe ich ihn nach Berlin expedirt.

Wenzel. Mich?

Schusselich. Nein, den „tollen Wenzel".

Hedwig. Und dann mußte ich mich mit ihm verloben.

Wenzel. Mit mir?

Hedwig. Nein, mit Herrn Wentzel. Aber, den kann ich eben so wenig ausstehen, wie Sie!

Wenzel. (ganz perplex). Entweder muß ich verhext sein, oder Sie!

Alle Drei. Sie!

Wenzel (wüthend). Da habe ich also einen Doppelgänger. Der Mensch soll mir blos zwischen die Finger gerathen, den zermalme ich.

Alle Drei. Mein Herr, menagiren Sie sich!

14. Scene.

Vorige. Wentzel.

Wentzel (mit einem großen Buch, von rechts vorne). So, hier habe ich das Strafgesetz-Buch, nun sollen die Parteien nur kommen.

Wenzel (immer umherlaufend). Wo ist Wenzel! Ich brauche einen Wenzel!

{ Hedwig. Erna. Schusselich. Hier ist ja Herr Wentzel!
{ Wentzel. Sie wünschen, mein Herr?

Wenzel (auf ihn zu). Unglückseliger, das ist Deine letzte Stunde!

Wentzel (retirirt). Hülfe! Das ist ein Verrückter!

Wenzel (hinter ihm her, jagt ihn um die Bühne, wobei Schusselich einen derben Stoß bekommt). Ha, ein Feigling bist Du auch?

Wentzel (verkriecht sich hinter den Spiegel). Oho, ich habe schon Courage. Gleich kriegen Sie eins mit dem Strafgesetz-Buch! —

Wenzel. Was, drohen willst Du auch noch? (Will hinter ihm her.)

Erna (dazwischentretend, zu Wenzel). Halt, mein Herr! — Wenn Sie wirklich derjenige wären, für den Sie sich ausgeben, ich müßte Sie doch verabscheuen!

Wenzel (erschreckt). Erna!

Alle. Ja wohl, verabscheuen!

Erna (zu Wentzel). Geben Sie mir den Arm und führen Sie mich hinaus!

Wentzel (zu ihr eilend). Mit Wonne!

Wenzel. Aber so hören Sie doch!

Alle. Kein Wort!

Wenzel (in der Mitte). Lassen Sie sich doch sagen, ich bin —

Alle Vier (in den Seitenthüren). — ein ganz unausstehlicher Mensch!

(Erna und Wenzel links, Hedwig und Schusselich rechts ab.)

15. Scene.
Wenzel.

Wenzel (bleibt verblüfft stehen). Na ja, das war ja meine Absicht. Ich wollte mich so unausstehlich machen wie nur möglich. Aber nur bei der Geheimraths=Familie; und dabei habe ich mich in den Augen meiner göttlichen Erna so blamirt, daß ich es gar nicht wieder gut machen kann. (Steht zufällig vor dem Spiegel, sieht hinein und spricht mit seinem Spiegelbild). Da stehst Du ja, Du dummer Kerl Du! Willst Du denn gar nicht vernünftig werden? Glaubst Du etwa, daß das mit Deinen Tollheiten so weiter gehen kann? Schäme Dich! Du mußt ein anderer Mensch werden. Willst Du mir das versprechen? Du nickst mit dem Kopfe? Ich will Dir glauben. Ja, à propos, daß Du mir nicht mehr hinter jeder Schürze herläufst! Das rathe ich Dir! Außer Erna muß Dir jedes Mädchen eine verbotene Frucht sein. Hörst Du? Also hübsch Wort halten. Adieu, mein Junge. (Grüßt nach dem Spiegel, durch die Mitte ab.)

16. Scene.
Wenzel. (Dann) Schusselich.

Wenzel (blättert in dem großen Buch, eifrig von rechts). So, nun soll sich der Mensch noch mal unterstehn. Hier hab ich's gefunden im Strafgesetzbuch. (Sieht sich um.) Ach so, er ist fort! Das ist sein Glück, sonst hätte ich ihn mit diesem Paragraphen zerschmettert!

Schusselich (durch die Mitte). Schon wieder Leute draußen, wollen zum Schiedsmann.

Wenzel. Nur immer herein, ich bin gerade in der richtigen Laune, ich verdonnere Alles was mir unter die Finger kommt.

Schusselich (an der Thür). Denn man rin! (Läßt die Leute eintreten.)

17. Scene.

Wentzel. Schusselich. Stille. Frau Kiebitz. (Dann) **Ella.**

Wentzel (setzt sich an den Schreibtisch). So, nun kann's losgehen.

Stille (durch die Mitte, sehr mager). Ich habe die Ehre, der Herr Geheimrath befinden sich doch wohl?

Wentzel (im strengen Kanzleiton). Still!

Stille. Ist gut!

Wentzel. Sie sind?

Stille. Stille.

Wentzel (laut). Wer Sie sind?

Stille (immer sehr bescheiden). Stille!

Wentzel (grob). Was unterstehen Sie sich. Wie Sie heißen will ich wissen.

Stille. Stille! Hugo Stille!

Wentzel. Ach so, warum sagen Sie das nicht gleich? Womit ernähren Sie sich?

Stille. Weiße Bohnen mit Speck!

Wentzel. Was?

Stille. Das ist ja eben der kitzliche Punkt. Alle Tage so 'ne schwere Kost, das kann ich nicht vertragen.

Fr. Kiebitz (korpulente Frau, trägt einen Marktkorb, ist gleich hinter Stille aufgetreten). Es ist nun mal mein Leibgericht, warum soll ich es nicht kochen?

Wentzel. Wie heißen Sie?

Fr. Kiebitz. Frau Karline Kiebitz! Wittwe!

Wentzel. Ihr Stand?

Fr. Kiebitz. Auf dem Gensdarmenmarkt, die große Fleischbude. Aber nun habe ich sie verpachtet. Warum soll ich mich auch quälen. Ich hab's ja nicht mehr nöthig. Geld ist da und Bildung auch. Sollten mich mal Sonntags sehen in meinem neuen Kleide, das Meter sechs Mark. Und 'n Rembrandthut, so groß wie 'n Wagenrad.

Wentzel. Das gehört aber nicht hierher.

Fr. Kiebitz. Deshalb habe ich's auch gar nicht angezogen. Aber Sonntags in der Sieges=Allee, alle Leute bleiben stehen, wenn ich so vorbei spaziere.

Wentzel. Was führt Sie denn nun her?

Fr. Kiebitz (auf Stille). Das ist nämlich mein möblirtes Vorderzimmer mit voller Pension. Und nun will er die Miethe nicht bezahlen.

Stille. Weil ich die Kost nicht vertragen kann.

Fr. Kiebitz (nimmt eine Schüssel aus ihrem Korb und stellt sie vor Wentzel). Herr Gerichtshof, ich bin berühmt wegen meiner weißen Bohnen. Hier habe ich Ihnen 'ne Probe mitgebracht. Es wird Ihnen schon schmecken. Langen Sie man zu!

Wentzel (abwehrend, — zu Stille). Warum wollen Sie Ihre Miethe nicht bezahlen?

Stille. Früher sagte sie immer: laß man, Hugo, das Geld läuft ja nicht weg.

Fr. Kiebitz. Ich würde es auch gar nicht verlangen, aber früher spielte er den Liebenswürdigen und ließ immer sowas von Standesamt fallen und jetzt schnappt er ab.

Stille. Die Frau ist mir zu grob.

Fr. Kiebitz. Ich und grob. Er will mich blos sitzen lassen. Aber ich lasse nicht locker, heirathen, Miethe zahlen oder bruumen!

Wentzel (blättert in den Büchern). Ein verwickelter Fall, darüber finde ich gar keinen Paragraphen. Setzen Sie sich einstweilen!

Fr. Kiebitz. Ach was, ich muß nach Hause, das Essen wird kalt!

Stille. Auch ich möchte sehr bitten —

Schusselich (ist dazwischen gekommen, schiebt beide nach den Hintergrund). Pst, immer Discretion und Verschwiegenheit! (Geht mit in den Hintergrund.)

Ella Minkwitz (Backfisch, niedlich gekleidet, lange Zöpfe, Schulmappe, kommt lebhaft durch die Mitte und eilt zu Wentzel). Ich habe doch das besondere Vergnügen den liebenswürdigen Herrn Geheimrath vor mir zu sehen?

Wentzel (in den Acten vertieft). Geheimrath? Nein, das heißt, O ja! (Aufblickend.) Ah eine junge Dame! Es wird mich sehr freuen wenn Sie mich zu Ihrem Geheimrath machen wollen.

Ella. Oh, ich wußte wohl, daß ich hier ein fühlendes Herz finden würde. Nicht wahr, bei Ihnen kann man ja wohl geschieden werden?

Wentzel (erstaunt). Sind Sie denn schon verheirathet?

Ella (kokett). Noch nicht! Aber man muß doch auf Alles vorbereitet sein. Und ich würde mich ganz gewiß scheiden lassen wenn mein Mann so ungezogen wäre, wie der abscheuliche Pieper. Ach, Sie kennen Pieper wohl gar nicht?

Wentzel. Ich bedauere —

Ella. Sein Sie froh, denn der Herr Pieper ist ein unausstehlicher Mensch mit so langen glatten Haaren in der Mitte gescheitelt, und so was finde ich gräßlich.

Wenzel. Aber Sie kommen doch nicht zum Schiedsrichter weil Pieper lange Haare hat.

Ella. Nein, weil er mich beleidigt hat. Das sage ich Ihnen gleich, auf einen Sühneversuch lasse ich mich nicht ein, denn wissen Sie was er gesagt hat? (Schluchzend.) Ungezogener, naseweiser Backfisch hat er gesagt.

Wenzel. Das ist allerdings grob!

Ella. Nicht wahr? Und dann hat er mich eingesperrt! (Schluchzend). Weil ich mein französisches Extemporale nicht gemacht und weil ich in der Geographie mit meiner kleinen reizenden Lotte gespielt habe.

Wenzel (erstaunt). Sie haben eine kleine Lotte?

Ella. Freilich! (Zieht eine große Puppe aus der Schulmappe.) Ist die nicht süß? Sehn Sie mal!

Wenzel. Hahaha, eine Puppe!

Ella. Ja und deshalb mußte ich nachsitzen.

Wenzel. Ach, dann sind Sie wohl bei Pieper in der Schule?

Ella. In der dritten Klasse, die erste — von unten. Ich brauche mir so was nicht gefallen zu lassen, denken Sie sich doch, wenn ich 'nen Bräutigam hätte und der erführe, daß ich nachgesessen habe, es wäre ja gräßlich, darum thun Sie mir den Gefallen und lassen Sie Herrn Pieper auch einsperren.

Fr. Kiebitz (ließ sich nicht länger von Schusselich zurückhalten). Komme ich denn nun ran oder nicht.

Wenzel. Stille!

Stille (schnell vorkommend). Hier bin ich!

Wenzel (ärgerlich). Sie nicht! (Auf Fr. Kiebitz.) Sie!

Fr. Kiebitz. Sie wollen mir wohl den Mund verbieten. Ich will mein Recht. Heirathen oder brummen!

Ella. Ja, eingesteckt muß er werden.

Wenzel (zu Stille). So heirathen Sie doch die Frau!

Ella. Wen soll ich heirathen?

Wenzel. Sie nicht! (Auf Fr. Kiebitz.) Sie!

Stille. Lieber brummen!

Fr. Kiebitz (bringt auf Wenzel ein). Gut, dann lassen Sie ihn einstecken.

Schusselich (dazwischen). Discretion und Verschwiegenheit.

Wenzel (verschanzt sich hinter dem Schreibtisch). Lassen Sie doch den Menschen laufen, er ist ja viel zu spillerig für Sie. Nehmen Sie sich doch 'nen andern Mann.

Fr. Kiebitz. Glauben Sie, man kann die Männer auf dem Markt kaufen wie die Aepfel.

Wentzel. Setzen Sie doch in die Zeitung: Hier ist 'ne Frau zu verheirathen mit 'ner möblirten Vorderstube.

Fr. Kiebitz. Was, in die Zeitung?

Stille (sich die Hände reibend). Das ist ausgezeichnet.

Ella. Wird er denn nun eingesteckt oder nicht.

Wentzel (ärgerlich). Ach was, laßt mich ungeschoren, geh in die Schule und lerne was!

Ella (schluchzend). Ha, eine neue Beleidigung. Das sage ich meinem großen Bruder. (Läuft ab).

Fr. Kiebitz (redet sich immer mehr in die Wuth hinein). Ich in die Zeitung! Eine Frau von meiner Bildung. Ich will mich blos nicht ärgern. (Schlägt heftig auf den Tisch, wickelt sich in ihr Tuch.) Und nun geh ich standepede zum Reichsgericht und wenn das nichts hilft, dann ist's gut, dann werde ich mich in die Zeitung setzen. Oho, ich werde schon noch 'nen Mann kriegen. (Sieht daß Stille lacht.) Was, auch noch lachen? (Giebt ihm eine kräftige Ohrfeige.) So, das hat gut gethan. (Heftig durch die Mitte ab.)

Stille (reibt sich die Backe und folgt ihr). O Gott, ist das 'ne Frau!

Schusselich (nimmt den Topf vom Tisch). Nehmen Sie doch Ihre weißen Bohnen mit. (Folgt ihnen.)

18. Scene.

Erna. Wentzel.

Erna (war schon früher gekommen, hat lachend die Situation betrachtet). Das ist ja eine recht gemüthliche Gerichtsstube. (Sieht sich um.) Wo ist denn mein tapferer Freund geblieben?

Wentzel (war bei dem Andrängen der Frau Kiebitz immer mehr hinter den Tisch verschwunden, steckt den Kopf unter der Decke vor). Sind sie fort? Das wollte ich ihnen auch gerathen haben.

Erna. Hahaha, was machen Sie denn unter dem Tisch?

Wentzel (kommt mit dem großen Buche unter dem Tische vor). Mir war blos das Strafgesetzbuch heruntergefallen und ich mußte doch die Paragraphen nachschlagen.

Erna. Hahaha, wenn man Sie so stehen sieht, glaubt man gar nicht, daß Sie ein so wilder Don Juan sind, der mir Dutzende von Liebesbriefen geschrieben hat.

Wenzel. Ich?

Erna. Den ich sogar heirathen sollte.

Wenzel. Heirathen? Sie auch? Bin ich denn der einzige schöne Mann in Berlin, daß mich alle Damen heirathen wollen?

Erna (scherzend). Ja, ja, Sie haben einen so verführerischen Blick! —

Wenzel (eitel). Darauf bin ich gar nicht stolz, der ist mir so angeboren. Und mit der Heirath, na, das können wir uns ja noch überlegen. So'n allerliebstes Weibchen könnte mir schon gefallen.

Erna (für sich). Dacht ich's doch, da hat der überkluge Onkel einen verkehrten Wenzel erwischt. Aber das werde ich benutzen.

Wenzel (schmunzelnd). Wir würden ganz gut zu einander passen, namentlich wenn Sie mich in der Kunst ein wenig unterrichten wollten?

Erna (darauf eingehend). Nun, das können wir ja mal versuchen.

No. 9. Duett.

Wenzel.

I.

Vor Allen möcht' ich den Gesang studiren.
Musik erfreut des Menschen Herz;
Doch wahre Kunst ist schwierig zu capiren,
Da fehlt es mir noch allerwärts.

Erna.

Gleich will ich Sie darin mal unterrichten,
So gut ich es nun eben kann.

Wenzel.

Ach ja, da würden Sie mich sehr verpflichten!

Erna.

Wir fangen mit der Oper an.

(Prosa.)

Erna. Bei der Oper kommt es hauptsächlich darauf an, was der Componist für ein Landsmann ist. Ob es ein biederer

Deutscher, oder ein leichtfertiger Franzose, oder wohl gar ein feuriger Italiener ist; die Nationalität schimmert immer durch. Und derselbe Tact wird bei Allen ganz verschieden klingen. Nehmen wir zum Beispiel „Don Juan" an und zwar das Lied, wie Don Juan Zerlinen seine Liebe gesteht.

Wentzel. Das kenne ich. Der alte Verführer will sie überreden, ihm auf's Schloß zu folgen. (Singt.)

„Reich' mir die Hand, mein Leben,
Komm' auf mein Schloß mit mir;
Kannst Du noch widerstreben —
Es ist nicht weit von hier!"

Erna. Das würde nun ganz anders klingen, wenn der Text im „Troubadour" stünde und Verdi hätte ihn componirt. Hören Sie mal zu. (Singt nach der Troubadour=Arie: „Lodernd zum Himmel".)

„Reich' mir die Hand ꝛc."

Wentzel. Haha! Das war italienisch. Bei Meyerbeer würde sich das wieder anders anhören. (Singt nach der angegebenen Melodie.)

„Reich' mir die Hand ꝛc."

Schrumm! Schrumm! Aus der Operette, wie „schöne Helena" paßt wohl nichts dazu?

Erna. Freilich! Offenbach darf nicht fehlen. Das wollen wir aber zusammen singen.

(Beide singen nach „Evoe".)

„Reich' mir die Hand ꝛc."

Wentzel. Und nun zum Schlusse wollen wir noch eine Oper nehmen und zwar die älteste.

Erna. Wie heißt denn die?

Wentzel. Die älteste Oper ist: „Der Postillon".

Erna. Wieso denn?

Wentzel. Sie ist ja von Adam componirt. — Wachtel mit der Peitsche in der Hand würde so singen. (Nimmt eine Peitsche, singt nach dem Refrain der Postillons=Arie.)

„Reich' mir die Hand ꝛc."

(Das Peitschenknallen wird hinter der Scene markirt.)

Erna (lachend). Der reine Wachtel!

Beide.
(Refrain.)
Wie ist die Kunst doch so wunderschön!
Doch ist es schwer sie recht zu versteh'n.

II.
Wenzel.
Na, mit der Oper mag es noch so gehen,
Weil ich von jeher singen konnt';
Das höh're Drama aber zu verstehen,
Geht über meinen Horizont.
Erna.
Probiren wir mal eine Wahnsinnsscene —
So etwas sahen Sie gewiß?!
Wenzel.
"Narciß" zum Beispiel kenn' ich wieder bene.
Erna.
Ganz Recht, mon cher, Sie sind Narciß!

(Prosa.)
Wenzel (fährt sich durch die Haare, um dieselben in Unordnung zu bringen). Also, ich bin Narciß. 4. Akt, Verwandlung.
Erna (setzt sich vorne rechts auf einen Stuhl). Ich bin der Pagode. Ein Chinese mit beweglichem Kopfe.
Wenzel. Wenn ich Ihren Kopfe berühre — (thut es.)
Erna. Dann nicke ich. So! (Nickt.)
Wenzel. Noch nicht. (Geht nach hinten.) Narciß kommt von hinten. (Declamirt in hohlem Intriguantentone.) Diese grauenerregende Langeweile! Schon zwei Tage sitze ich hier im Käfig und weiß nicht, was ich mit mir anfangen soll. Einbildungen sind doch ein prächtiges Ding, wenn man das Talent hat, zu jeder Zeit welche haben zu können. Ha! Musik! Komm', Schatz, laß uns tanzen. Tralala! (Singt und tanzt umher; sieht plötzlich den Pagode und fährt auf.) Teufel, der Pagode! Stiert mich der Kerl mit seinem langweiligen Gesicht an und die Illusion ist weg. Pah, wir sind doch eine abgelebte Species, lauter Pagoden auf dem Nipptisch unsers Herrgotts. Komm herab Bursche! Glaubst Du an die Unfehlbarkeit der indirekten Steuern? (Stößt Erna an den Kopf, sie nickt.) O ja, natürlich! Du hast Talent zum Minister. Das ist nicht bitter! Du glaubst an den großen Steuererlaß? (Wie oben.) Wirklich! Du denkst, daß man uns

was schenken wird! Ja?! Dann glaubst Du wohl auch, (immer heftiger) daß der Stadtrath in den Sitzungen eindrusselt? Ja, ja! (Wie oben.) Dann bist Du wohl auch überzeugt, daß der böse Executor bei Seite geschafft werden muß? Ja? Hahaha! (Wüthend.) Das ist Dein Wissen? Nein, sage ich Dir, nein! Der Executor ist gar nicht bös! Im Gegentheil — er war oft der Einzige, der noch mitunter für ein Paar Groschen mit uns Geduld gehabt hat. Verfluchtes Geschlecht! Geh' in Scherben. (Packt Erna mit beiden Händen, wirft sie zur Erde; lehnt sich erschöpft, den Kopf stützend, links an den Tisch.)

Erna (aufstehend). Der schöne Pagode — kurz und klein, (sich den Arm reibend) in tausend Scherben. (Geht zu ihm und rüttelt ihn.) Sie, das war doch aber nicht wahnsinnig! Das war ja ganz vernünftig.

Wenzel (noch im Tone des Narciß). Siehst Du, Mädchen, das ist eben das Verrückte!

      Beide.
     (Refrain.)
Wie ist die Kunst doch, ach so wunderschön,
Nur ist es schwer sie recht zu verstehn!

       III.
      Wenzel.
Geh zur Erholung ich beim Abendgrauen,
Im Schlenderschritt die Straßen lang,
So wird fast überall Clavier gehauen;
Dazwischen klingt was, wie Gesang.
      Erna.
O Jemine! Das sind die Dilettanten,
Die treiben Kunst nur „vor's Plaisir"!
      Wenzel.
Da hab' ich lieber die Hofmusikanten —
      Erna.
Mit einem Orgelkasten hier.

      (Prosa.)
Wenzel. Neulich ging ich mal durch die Friedrichsstraße, es war zwischen acht und neun Uhr Abends. Das war das reine Straßen=Concerthaus. Ueberall, hüben und drüben paukten sie Clavier.

Erna. Alle haben die Fenster aufgerissen, damit die Nachbarn auch hören, daß die Tochter Gesangsunterricht hat.

Wenzel. Das Clavierspielen will ich mir noch gefallen lassen, denn „Klosterglocken" und „Gebet einer Jungfrau" sind immerhin ganz annehmbare Sachen, aber der Gesang dazu, das ist schrecklich. Manchmal weiß man wirklich nicht, ob da gesungen wird, oder ob ein Unglück passirt ist.

Erna. Und was man da alles hört — das ist zu komisch. Zum Beispiel: Es ist rabenschwarze Nacht und dann singen sie: (Aus Preciosa.)

„Die Sonn erwacht, mit ihrer Pracht
Erfüllt sie die Berge das Thal" —

Wenzel. Das ist noch gar nichts. Der Schneider Schulze im vierten Stock hat wegen der Hitze alle Fenster aufgerissen und gröhlt:

„Im tiefen Keller sitz' ich hier,
Bei einem Faß voll Reben!" —

So'n Unsinn! Nicht mal 'ne kleine Weiße hat der Kerl.

Erna. Else, Geheimraths Töchterlein, im ersten Stock, steht am Clavier und singt.

Wenzel. Ihr geliebter Alfons, ein gehaltloser Assessor, spielt dazu. (Markirt mit den Händen, sehr übertrieben Clavierspiel.)

Erna (singt höchst schmachtend und dabei voller Fehler).

:,: Schlafe wohl! :,:
Und schließ' die schönen Augen zu.
:,: Schlafe wohl! :,:
Du lieber, süßer Engel Du!

Wenzel. Na, nu wird er wohl schlafen.

Erna. Da gefällt es mir Morgens viel besser, wenn der Leierkastenmann vor der Thüre —

Wenzel. Singt mir gleich der Lieder viere! Da singt wenigstens blos Einer, oder höchstens noch seine Frau. (Markirt das Orgeldrehen.) Versuchen wir es mal.

Erna. Ich stricke dabei. (Markirt das Stricken und nimmt von Zeit zu Zeit dankend ein Geldstück von der Erde.)

Beide (im Leierton den Refrain des Waldmann'schen Liedes singend: „Wer weiß, ob wir uns wieder sehn", dessen Text sich bekanntlich fünf Mal wiederholt.)

Wenzel. Nun spielt er auf allgemeines Verlangen der Köchinnen die Kutschkepolka. (Im Orchester wird die Polka gespielt.)

Erna. Der Köchin Guste tanzen die Beine ganz alleine. (Tanzt allein umher, die Melodie mitsingend.)

Wenzel (im Hintergrunde). Ihr Grenadier kommt in die Küche, er hat Holz getragen. (Markirt das Korbhinsetzen.)

Erna. Guste kriegt ihn beim Schlafittchen und nun geht's los.

(Tanzen grotesk einige Male herum und hinaus; eventuell Refrain wie vorhin.)

Dritter Akt.

(Restaurationshalle in Form einer nach hinten offenen Veranda. Links hinten eine Laube mit Bank, der Eingang halb verdeckt. Rechts und links kleinere Tische und Stühle. Den Hintergrund bildet eine hübsche Wasserlandschaft.)

1. Scene.

Arthur. (Dann) **Hans. Wenzel. Kellner.**

Kellner (stellt die kleinen Tische zurecht).

Arthur (kommt schnell von rechts II.) Kellner, ist hier nicht eine Gesellschaft junger Damen angekommen?

Kellner. Zu Befehl! Sie sind unten am See.

Arthur. Dann werde ich sie hier erwarten.

Kellner (will ab).

Hans (in elegantem, etwas übertriebenem Anzug ihm von links II. entgegen). Haben Sie nicht eine junge Dame gesehen mit einer rothen Rose in der Hand?

Kellner. Bedaure lebhaft! (Ab).

Hans. Dann wird sie noch kommen.

Arthur (links auf- und abgehend). Mich verzehrt die Ungeduld, Hedwig endlich wiederzusehen. (Zieht einen Brief hervor und liest.) „Wir machen zur Feier meines Geburtstages eine Landparthie, bei welcher Gelegenheit meine Verlobung mit Herrn Wenzel veröffentlicht werden soll. Erwarte mich in der Laube am See." Oh, dieser Wenzel, wenn ich ihn treffe! (Geht nach hinten).

Hans (hat ein Zeitungsblatt hervorgezogen, liest). „Eine Dame wünscht sich zu verheirathen." Auf diese Annonce habe ich geantwortet und die Dame zu einem Rendez=vous bestellt, um Lola zu ärgern. Wo sie nur bleibt? — (Ab, vorn links.)

Wenzel (kommt schnell von rechts II.) Ich weiß bestimmt, daß Erna hier ist!

Arthur (sieht ihn, heftig). Mein Herr, Sie hier?

Wenzel (heftig). Mein Herr, das frag' ich Sie!

Arthur. Durchkreuzen Sie überall meine Wege?

Wenzel. Im Gegentheil, Sie durchkreuzen die meinen!

Arthur. Spielen Sie auf die thörichte Wette an? Die gebe ich gern verloren. Aber, wenn Sie sich unterstehen meine Hedwig heirathen zu wollen —

Wenzel. In die sind Sie verliebt? (Reicht ihm beide Hände.) Da danke ich Ihnen von ganzen Herzen!

Arthur. Ich verbitte mir jeden schlechten Spaß. Haben Sie Hedwig nicht den Verlobungskuß gegeben.

Wenzel (lachend). Das war ja mein Namensvetter, der noch viel mehr Tollheiten macht, als ich!

Arthur. Wär's möglich!

Wenzel. Er hat sogar mit Erna soupirt.

Arthur. Und sich mit Hedwig verlobt. — Ich fordere ihn auf Pistolen!

Wenzel. Und ich auf krumme Säbel!

Beide (reichen sich die Hand). Abgemacht! (Mit drohender Geberde). Wentzel wird massacrirt. (Arthur rechts I. ab.)

2. Scene.

Wenzel. Erna.

Wenzel (allein). Hahaha, das wird ja ein Hauptspaß. Will mir Concurrenz machen. Doch nun zu der Geliebten meines Herzens, sie muß mich endlich anhören. (Nach rechts II. sehend.) Ha, da ist sie! Erna! Du Stern meines Daseins, Oase in der Wüste meines Lebens, Nektarquelle an der meine dürstende Seele sich labet. Wo Du bist, leuchtet mir der Sonne Pracht, wo Du nicht bist, umgiebt mich finstere Nacht.

Erna (kam von rechts II, Promenaden=Costüm, lachend). Mein Herr, verfolgen Sie mich schon wieder?

Wenzel. In diesem Leben werden Sie mich nicht mehr los, und wenn Sie eine Gastspielreise machen nach den Boto=

fuden, nach den Eskimos oder Feuerländern, ich folge Ihnen wie ein treuer Pudel, bis Sie überzeugt sind, daß nicht jener heimtückische Federfuchser der tolle Wenzel ist, sondern (auf sich) dieser Jüngling, elegant und galant, frisch und elastisch, voll Humor und Lebenslust, der Dich vergöttert, der ohne Dich nicht leben kann, dem Du angehören mußt für alle Ewigkeit und noch länger wenn es möglich ist.

Erna (lachend). So kann allerdings nur der tolle Wenzel sprechen. Aber haben Sie denn überhaupt Ursache auf diesen Titel so stolz zu sein? Ihr schönes Vermögen haben Sie durch= gebracht!

Wenzel. Aus volkswirthschaftlichen Gründen. Ich wollte Geld unter die Leute bringen.

Erna. Sie sind dreimal durch's Assessorexamen gefallen.

Wenzel. Aus Humanitätsrücksichten. Warum soll ich die Concurrenz vergrößern, denken Sie doch, die Masse Referen= dare. Und wenn ich z. B. Strafrichter geworden wäre, bei meiner Gutmüthigkeit hätte ich alle Spitzbuben frei gesprochen.

Erna. Dann ist es also ganz gut gewesen, daß Sie Ihre Tante unter Kuratel gestellt hat.

Wenzel. Ich bitte Sie, legen Sie oben auf den Vesuv einen Deckel, der speit doch Feuer und Flamme. Mich kann nur eins bändigen, und das ist eine Frau, das sind Sie!

Erna. Ich?

Wenzel. Ich war allerdings ein recht leichtsinniger Strick und wußte gar nicht, weshalb ich auf der Welt war, aber als ich Sie zum ersten Male spielen sah, da fiel es mir wie Schuppen von den Augen, da rief ich mir zu: Oh, wenn Du wärst mein Eigen, wie lieb solltest Du mir sein. Welche Wonne dachte ich mir: wir Beide so als Romeo und Julia. (Im Charakter.) „Willst Du schon gehn? Der Tag ist ja noch fern. Es war die Nachtigall und nicht die Lerche."

Erna (lachend). Aber die Julia spiele ich ja gar nicht.

Wenzel. Oder Hamlet und Ophelia! (Im Charakter.) Geh' in ein Kloster, Ophelia! Geh! Geh!

Erna. Hahaha, Sie fassen wohl den Hamlet komisch auf.

Wenzel. Komisch?

Erna. Glauben Sie denn, das ist Kunst, wenn Sie wie ein wahnsinniger Häring herum stolziren?

Wenzel. Sie haben recht, und offen gestanden, ich bin auch mehr für das lustige Fach. Zum Beispiel in der Operette. (Singt.) „O du, o du, mein Ideal u. s. w. (Will sie umarmen.)

Erna. Halt, mein Herr, jetzt spielen Sie wieder zu natürlich!

Wenzel. Kann ich es Ihnen denn gar nicht recht machen?

Erna. O ja, wenn Sie mich jetzt allein lassen, denn ich habe hier ein wichtiges Rendezvous.

Wenzel (eifersüchtig). Rendezvous? Doch nicht mit meinem Namensvetter?

Erna (lächelnd). O, nein! Mit einer Dame.

Wenzel. Gut, ich will Ihnen glauben, ich will Ihnen gehorchen. Ich will Ihnen jeden Ihrer Wünsche an den Augen ablesen, ich will sogar ein solider, ruhiger, fleißiger Mensch werden, ein glücklicher Familienvater! Ach, wenn ich daran denke, ich, ein Familienvater, lauter kleine Wenzels um mich herum; eins, zwei, drei, vier —

Erna (lachend). Genug, mein Herr!

Wenzel. Bewahre, von dem Gottessegen kann man nie genug bekommen. Also auf Wiedersehen meine himmlische Erna. (Schnell links II. ab.)

Erna (ihm nachsehend). Ich fürchte, ich fürchte, dem könnte ich recht gut werden.

3. Scene.

Erna. Hedwig.

Hedwig (kommt Erna von links entgegen). Wie freundlich von Dir, liebe Cousine, daß Du hergekommen bist.

Erna (lächelnd). Du hast mir ja auch einen so herzerweichenden Brief geschrieben.

Hedwig. Ach, denke Dir doch nur —

Erna. Ich weiß ja Alles. Du bist verliebt!

Hedwig. Von Herzen!

Erna. Aber der Vater ist grausam!

Hedwig. Furchtbar!

Erna. Du willst den Einen, er will den Andern!

Hedwig. Ja, ja!

Erna. Und da soll ich nun als gütige Fee dazwischentreten, die wahre Liebe beschützen und das Laster hinauswerfen.

Hedwig. Du bist doch Schauspielerin —

Erna. Und da meinst Du, ich muß mit allen solchen Liebesgeschichten Bescheid wissen.

Hedwig. Nun freilich!

Erna. Ja, auf dem Theater habe ich genug solcher unglücklichen Liebhaberinnen gespielt. Aber im gewöhnlichen Leben ist das ganz anders, da würde ich als vernünftiges Mädchen vor meinen Vater hintreten und sagen: (Mit Gemüth.) Vater, ich habe nun mal mein Herz schon anderweitig verschenkt, und verschenkte Sachen kann man doch nicht zurücknehmen. Was nützt einem Manne meine Hand wenn hier (auf die Brust) nichts für ihn schlägt. Er würde unglücklich, ich würde unglücklich, na und Dich könnte das doch auch nicht glücklich machen. Sieh mal, Vater, Du bist ja so'n kluger Mann, das mußt du doch einsehen. Du sollst es auch gut bei uns haben, wenn wir erst verheirathet sind, nicht wahr, mein liebes, liebes Väterchen.

Hedwig. Mit meinem Vater läßt sich aber gar nicht sprechen, er sagt punktum, abgemacht und dann darf ich kein Wort mehr sagen.

Erna. Dann kann ich Dir nicht helfen.

Hedwig. Weil Du nicht willst, Du bist mir 'ne nette Cousine. Aber ich brauche Dich gar nicht, ich werde schon allein wissen was ich zu thun habe. Und wenn ich dann unglücklich werde, so ist es Deine Schuld. (Geht schmollend nach rechts.)

Erna. Wüßte ich ihr nur zu helfen.

4. Scene.

Vorige. Arthur. (Dann) **Eine Kuchenfrau.**

Arthur (kommt vorsichtig von rechts und macht Hedwig Zeichen). Pst!

Hedwig (bemerkt ihn). Ha, da ist er! (Macht ihm Zeichen, er solle nach der Laube links gehn).

Arthur (schleicht über die Bühne nach der Laube links).

Erna (bemerkt den Vorgang). Ah, da ist der Geliebte schon! Wenn ich Sie nur belauschen könnte.

Kuchenfrau (alte Frau, Umschlagtuch, große Haube oder Hut, mit Kuchenkorb, kommt von hinten zu Erna). Wollen mir das schöne Fräulein nichts abkaufen?

Erna (auf die Frau). Halt, ein Gedanke. Ich kaufe Ihnen den ganzen Kram ab, kommen Sie nur mit, gute Frau.

Kuchenfrau. Tausend Dank. (Humpelt nach hinten links.)

Erna. Nun können wir dem Onkel vielleicht doch beweisen, daß die Schauspielkunst praktischen Werth hat. (Schnell hinter der Kuchenfrau ab.)

5. Scene.

Arthur. Hedwig. (Dann) **Laura. Emma. Lina** (und andere junge Damen). (Dann) **Wentzel.**

Hedwig (sieht daß Erna fort ist). Endlich ist sie fort. (Eilt zur Laube.)

Arthur (aus der Laube ihr entgegen). Mein theures, geliebtes Mädchen! (Umarmt sie; man hört die Damen hinter der Scene sprechen und lachen).

Hedwig (macht sich los). O weh, da kommen meine Freundinnen.

Arthur. Wie unangenehm.

Hedwig. Schnell in die Laube, ich werde sie schon fortschaffen. (Geht nach hinten.)

Arthur. Fatale Unterbrechung! (Geht in die Laube.)

Laura, Emma, Lina
und andere Damen (in Fantasie-Costüme von rechts II.)

No. 10. Auftritts-Chor.

Die jungen Damen schmücken sich doch Alle gar zu gern,
Sie kleiden sich verführerisch; das lieben auch die Herrn.
Drum giebt es nur Gelegenheit zum reizenden Costüm,
So wie bei der Verlobung heut, erscheinen sie in ihm:
Aufgeputzt, zugestutzt und auch pikant!
Aufgeputzt und zugestutzt, charmant und elegant,
Kommen wir hier anmarschirt, geziert mit manchem Tand,
Schön frisirt und knapp geschnürt, pikant und amüsant —
Da ruft ein Jeder aus geschwind:
„Wie nett die Kinder sind!"

Hedwig. Ja, Kinder, wie seht Ihr denn aus?

Alle. Das ist ein Geheimniß, wir beabsichtigen Dich zu Deinem heutigen Verlobungsfeste durch eine kleine Aufführung im Costüm zu überraschen.

Emma. Du bist wohl eine recht glückliche Braut? —

Hedwig. Ach nein, im Gegentheil; und mein sehnlichster Wunsch ist, daß die Verlobung nicht zu Stande kommt. —

Alle. Ach, wie schade, nun haben wir uns die schönen Kleider umsonst gemacht. Der Herr Wentzel soll doch ein sehr interessanter Mann sein. Den mußt Du uns vorstellen. —

Hedwig (nach links deutend). Da kommt er gerade!

Alle. Ach, der ist es!

Wenzel (kommt von hinten links und sucht im Hintergrund — erblickt Hedwig, kommt vor). Ah, Fräulein Hedwig, hier finde ich Sie endlich?

Hedwig. Im Kreise meiner Freundinnen, die vor Begierde brennen, Sie kennen zu lernen.

Alle Damen. Es ist uns sehr angenehm —

Wenzel (mit Complimenten nach allen Seiten). Das Vergnügen ist ganz meinerseits.

Hedwig. Wollen Sie mit den Damen nicht eine kleine Promenade machen?

Alle. Ach ja, bitte, bitte!

Wenzel (in größter Verwirrung). Promenade? Sehr gern! Es geht ja nichts über die Natur! Und Sie, meine Damen, sind ja die schönsten Blumen auf der Flur der Natur.

Alle. Sehr liebenswürdig!

Hedwig. Vielleicht machen Sie auch 'ne kleine Gondelfahrt? —

Alle. Das wäre reizend!

Laura. Sie müssen ja rudern wie'n Gott!

Wenzel. Na Spaß! Wenn ich so die Ruder nehme — Sie werden sich wundern. (Für sich.) Ich habe noch nie solche Dinger in der Hand gehabt.

Hedwig. Dann reichen Sie also den Damen den Arm!

Wenzel (die Arme hinhaltend). Leider kann ich Ihnen nur zwei zur Verfügung stellen, aber die gebe ich gern.

Laura und Emma (nehmen seinen Arm). Sie sind zu liebenswürdig.

Wenzel. Dann können wir ja losgondeln.

Alle. Ja, ja, gondeln wir! (Gehen, den Refrain des Chores singend, hinten rechts ab.)

6. Scene.

Arthur. Hedwig. (Dann) **Frosch. Schusselich.**

Hedwig. Endlich sind sie fort. (Zur Laube).

Arthur (kommt aus der Laube). Nun wollen wir aber auch die Gelegenheit benutzen. (Will ihre Hand fassen.)

Hedwig (sieht nach links). O weh, da kommt mein Vater!

Arthur. Schnell in die Laube!

Hedwig. Wie mir das Herz klopft. (Beide schnell in die Laube.)

Frosch (erregt mit Schusselich von links). Es ist himmelschreiend, ich könnte aus der Haut fahren.

Schusselich. Zu Befehl, Herr Geheimrath, ich fahre mit.

Frosch (zeigt einen Brief). Diesen Brief fand ich zwischen meinen Akten. Er ist an meine Tochter.

Schusselich. Wohl 'ne Putzmacherrechnung?

Frosch. Meine Tochter will durchgehen.

Schusselich. Mit der Putzmacherin?

Frosch. Mit einem Unbekannten.

Schusselich. Den sie gar nicht kennt?

Frosch. Nein, den ich nicht kenne! Aber ich werde sie einsperren.

Schusselich. In's Gefängniß!

Frosch. Bei ihrer alten Tante. Dort bleibt sie bis zur Hochzeit. Und Du wirst sie —

Schusselich. Heirathen?

Frosch. Aufsuchen, und nicht aus dem Auge lassen. Wenn sie mit einem fremden Herrn spricht —

Schusselich (macht ein grimmiges Gesicht). Schlage ich ihn zu Boden.

Frosch. Dann rufst Du mich sofort. Aber daß Niemand etwas merkt.

Schusselich. Pst!

Frosch. Mach ein unbefangenes freundliches Gesicht. So wie ich! (Lacht grimmig.) Hahaha!

Schusselich. Hahaha!

Frosch. Ich werde währenddem Herrn Wentzel aufsuchen, mit dem scheint auch nicht alles in Ordnung zu sein. Glücklicherweise kommt seine Tante morgen nach Berlin, dann bin ich die Sorge los. Also verstanden, Vorsicht, Punktum, abgemacht. (Läuft rechts ab.)

Schusselich. Discretion und Verschwiegenheit. (Läuft links ab.)

7. Scene.

Arthur. Hedwig. (Dann) Erna.

Hedwig (mit Arthur aus der Laube). Ach du lieber Gott, nun ist's aus! Der Vater weiß Alles!

Arthur. Dann bleibt uns also keine Wahl, wir müssen durchgehen, sofort!

Hedwig. Das hatte ich mir erst so schön gedacht, aber jetzt habe ich zu große Angst.

Arthur. Wenn ich nur ein Mittel wüßte, Dich unbemerkt fortzubringen.

Erna (in der Kleidung der alten Kuchenfrau, im Charakter sprechend). Schöner Herr, wollen Sie mir nicht etwas abkaufen.

Arthur (grob). Wir brauchen nichts!

Erna. Hehehe, ja, ja, so ein Liebespaar wünscht ganz andere Süßigkeiten, als meinen Honigkuchen.

Arthur. Was unterstehen Sie sich?

Erna. Oho, ich habe alles gesehen. Ein Küßchen und noch'n Küßchen —

Hedwig. Wir sind verrathen.

Erna. Fürchten Sie nichts, ich sage es keinem Menschen, daß das schöne Fräulein mit dem jungen Herrn durchgehen will. Oh, ich hab's in meiner Jugend ebenso gemacht.

Arthur, Hedwig (mit erwecktem Interesse). Wie?

Erna. Ja, ich war mal 'n dralles Mädel, lustig wie'n Kiebitz, gerade wie das Fräulein; und auf dem Tanzboden da hätten Sie mich mal sehen sollen, heidi, haste nicht gesehen, wie da die Röcke flogen wenn ich mit dem Peter tanzte. Ein Staatsbursche, gerade wie Sie, junger Herr. Aber der Vater konnte den Peter nicht leiden, was sollten wir da machen? Wir gingen durch!

Hedwig. Und dann?

Erna. Dann kam ich zurück als glückliche Ehefrau und der Vater war dann auch ganz zufrieden, als er mein Töchterchen sah —

Arthur (verdutzt). Töchterchen?

Erna. Ja, so'n ganz kleines! Aber das wurde immer größer, bis es auch auf den Tanzboden ging und dann hat es sich auch verliebt und ist auch durchgegangen.

Arthur. Das scheint so bei Ihnen in der Familie zu liegen.

Hedwig. Und was ist denn aus der Tochter geworden?

Erna. Nun, die kam auch zurück mit einem kleinen —

Arthur. Töchterchen?

Erna. Nein, diesmal war's ein Junge. Ein strammer Bengel.

Arthur. Und der ist nun wohl auch durchgegangen.

Erna. Noch nicht, er ist noch in der Lehre bei dem Schiffer da unten, da fährt er die Fremden über den See!

Arthur (schnell). Er fährt über den See? Ja, ja, so geht's! (Zu Hedwig.) Du läßt Dich hinüberfahren. Ich passe auf, daß man hier nichts entdeckt, dann treffen wir uns am andern Ufer, nehmen einen Wagen und sind in Sicherheit.

Hedwig. Und mein Vater?

Arthur. Mit dem werde ich ein ernstes Wort reden und ebenso mit dem biedern Herrn Wenßel! (Zu Erna.) Wenn Sie meine Braut über den See schaffen, können Sie fordern, was Sie wollen. Hier, einstweilen — (will ihr Geld geben).

Erna. O, nein, mein schöner Herr, Geld nehme ich nicht. Ich bin ja schon zufrieden, wenn ich ein Liebespärchen glücklich machen kann. Da denke ich an meine eigene Jugend zurück, da wird mein Herz wieder jung, hehehe, da möchte ich gleich selber noch einmal durchgehen und tanzen und springen — ja, ja, das heißt, eine Belohnung verlange ich doch, wenn Alles gut abläuft, und Sie machen Hochzeit, da müssen Sie mich einladen und dann will ich noch einmal tanzen, tanzen, als wenn ich noch so'n junges Kiek in die Welt wäre. (Tänzelt und singt.) Heidibeldibeldei!

Arthur. Das Versprechen geb' ich gern. (Zu Hedwig.) Und nun fort, ehe wir entdeckt werden. In einer Stunde treffen wir uns am andern Ufer.

Hedwig. In Gottes Namen. (Eilt rechts ab.)

Arthur (zu Erna). Also ich kann mich auf Sie verlassen?

Erna. Nun freilich, ich freue mich ja jetzt schon auf den Hochzeits-Tanz, Heidibeldibeldei!

Arthur. Gut denn, ich verlasse mich ganz auf Sie. (Vorn rechts ab.)

8. Scene.

Erna (allein).

Erna (sieht ihm nach). Hihihi, verlassen Sie sich nur auf mich, mein schöner Herr. (Wirft die Verkleidung ab.) Ihre Hedwig werden Sie vorläufig nicht wiedersehen, die werde ich hübsch unter meinen Augen behalten. Sie wird sich zwar ein wenig sträuben, aber ich werde Ihr antworten: Große Seelen dulden still!

Nr. 11. Couplet*).

Nanni sitzt im grünen Garten
Halb im Schlummer schon versenkt,
Als der Max, der böse Bube
Seine Schritte zu ihr lenkt.
Sie will fliehen, doch dann denkt sie:
Will doch seh'n, weshalb er kommt,
Und sie stellt sich völlig schlafend,
Weil oft die Verstellung frommt.
Max tritt zu ihr, auf die Lippen
Küßt er sie, und schrei'n sie will,
Doch sie wagt nicht, sagt nicht, klagt nicht:
Große Seelen dulden still.

Frau Aurora vom Ballete
Tanzt schon beinah' vierzig Jahr,
Doch ihr Herz ist jung geblieben,
Hat noch 'nen Geliebten gar.
Als sie hüpft ihr großes Solo
Blickt sie in die Coulissen hin,
Der Geliebte, ach, er küsset
Eine andere Tänzerin.
Möcht die Augen ihm auskratzen,
Doch sie darf nicht, wie sie will.
Und sie schwenkt sich, renkt sich, denkt sich:
Große Seelen dulden still.

Meier macht in alte Kleider,
Möcht' schnell werden Millionär,
Darum geht er auf die Börse,
Speculirt, wer weiß wie sehr.
Aber Differenzen zahlen
Will er nicht an Ultimo,
Und er kriegt die schönsten Keile,
Doch er denkt: Wie heißt, Woso?
Das Geschäft ist glatt geschoben,
Laß doch Jeden was er will
Machen hinter meinem Rücken:
Große Seelen dulden still.

---

*) Der musikalische Vortrag ähnlich wie in dem Couplet „Das ist die den Mädchen angeborne Schüchternheit."

Mit der Flinte auf der Schulter
Steht auf Posten der Soldat,
Bei der großen Sonnenhitze
Riesenmäß'gen Durst er hat.
Nach dem nahen Frühstückskeller
Sendet schmachtend er den Gruß:
Hätt' ich nur 'ne kleine Weiße,
Ach, das wär' ein Hochgenuß.
Oder auch ein großer Kümmel
Würd' aufmuntern das Gefühl,
Doch ich stehe hier und schwitze:
Große Seelen dulden still.

Gute Verse, die sind schwierig,
Neuen Stoff giebt's nicht die Spur,
Denn die allerbesten Sachen
Meerschtentheels streicht die Censur.
Darum stets die alte Leier,
Stöcker, Windhorst, Lasker auch,
Klage über hoher Steuer
Ist nur im Couplet Gebrauch.
Doch der Magistrat vor Allem
Ist der schönsten Scherze Ziel,
Doch der denkt sich, laß sie singen:
Große Seelen dulden still.

Die Soubrette am Theater
Singt wie üblich ihr Couplet,
Und beim letzten Tacte geht sie
Mit der Stimme in die Höh',
Einen ellenlangen Triller
Legt dem Publikum sie hin,
Kullert dann mit 'ner Roulade
In die tiefste Tiefe rin.
Blickt verschämt dann nach den Logen,
Ob man applaudiren will,
Immer feste, ich vertrag' es:
Große Seelen dulden still.

(Rechts ab.)

9. Scene.

Frau Kiebitz. Hans. (Dann) **Wentzel.**

Fr. Kiebitz (übertrieben modern gekleidet, sehr großen Rembrandt= hut, Rose in der Hand, kommt von links II. angehüpft). Aber, mein Herr, sein Sie doch nicht so stürmisch.

Hans (hinter ihr her). Als ich Sie mit der Rose in der Hand spazieren gehen sah, habe ich mir gleich gedacht, das ist ein molliges Weib. —

Fr. Kiebitz (geziert). Also ich gefalle Ihnen wirklich?

Hans. Ich könnte Sie vor Liebe auffressen.

Fr. Kiebitz. Oh, ich bin auch keine schlechte Parthie, 60,000 Mark Vermögen! Eine gute Wirthschafterin bin ich auch, und wenn unser Geschmack übereinstimmt — essen Sie gern weiße Bohnen mit Speck?

Hans (begeistert). Oh, sehr gern, das ist ja mein Leib= gericht. —

Fr. Kiebitz (zärtlich). Ich hoffe, wir werden uns ver= ständigen. Einstweilen miethen Sie meine möblirte Vorder= stube. —

Wentzel (von Kopf bis Fuß in ein weißes Badelaken gewickelt kommt hastig von hinten rechts, zitternd und frierend). Huhuhuhu!

Fr. Kiebitz und Hans (heftig erschrocken auseinanderfahrend). Ha! —

Wentzel. Huhuhuhu!

Fr. Kiebitz. Der Geist meines seligen Mannes. Hülfe, er packt mich! (Läuft rechts vorn ab.)

Hans. Laufen Sie doch nicht so schnell! (Folgt ihr.)

10. Scene.

Wentzel. (Dann) **Lola.**

Wentzel (ihnen nachrufend). Schreien Sie doch nicht so, ich bin ja längst gerettet. (Kommt vor.) Ich bin nämlich in's Wasser gefallen und nun ist mir so frosterig zu Muthe. — Huhuhuhu! Mir soll wieder einer mit dem Gondeln kommen. Wir setzten uns in das Boot hinein und die Damen sagten: Nun gondeln Sie man los. Ist gut, ich nehme die Pätschel, hole aus und schlage auch gleich hinten hinüber in's Wasser, mit dem Kopf zuerst. Glücklicherweise waren wir erst ein paar Schritte vom Ufer entfernt. Als ich herausgekrabbelt war, sagte ich zur Beruhigung, daß ich den Damen blos zeigen wollte, wie gut ich unterm Wasser schwimmen kann. Aber sie haben es mir nicht so recht geglaubt und sind davon gelaufen. Huhuhu, mir ist sehr klapprig zu Muthe. Der Wirth hier war so freundlich, mir seinen Sonntagsanzug zu leihen, bis meine Kleider getrocknet sind, er gab mir auch noch diesen Bademantel, damit mir wärmer würde. (Trägt unter dem Bademantel ein komisch zusammengestelltes Costüm.)

Lola (sehr elegant gekleidet von rechts II.) Wann i nur wüßt', wo i Herrn Wentzel treff'. (Erblickt die weiße Gestalt, schreit auf.) Ha, ein Gespenst!

Wentzel. Lola!

Lola (freudig). Ach, der liabe, gute Herr Wentzel! (Auf ihn zu.) Sö hab' i just g'sucht. Aber wie sehen's denn aus?

Wentzel. Ich? Ach so! Das ist die neuste Herrenmode. — Du hast Dich aber auch sehr verändert. (Nimmt den Mantel ab.)

Lola. Dös is die neuste Damenmode! I bin ja jetzt Theaterprinzessin.

Wentzel (verwundert). Was man hier in Berlin Alles im Handumdrehen werden kann, es ist großartig. Bist Du denn schon aufgetreten?

Lola. Freili. Aber's hat mi gar nit g'fallen beim Theater. Da muß man sich ja schminken, weiß und roth, dös is ja grauselich. Und dann kriegte i ein Costüm, dös war eigentlich gar kein Anzug, sondern mehr an Auszug. (Verschämt auf die Beine deutend.) Hier war überall gar nix. Wie i nun mit d' anderen Damen so auf d' Bühne mußte, da hab' i mi fürchterlich g'schämt, denn da war's so hell, und lauter Menschen saßen vor mi, über mi, neben mi, überall. Eine ganze Menge alte Herren die guckten mi immer an durch große Gläser, i bin gewiß ganz roth g'worden. Nun mußten wir einen Chor singen, mi war aber die Kehle wie zug'schnürt. Dann kam eine Sängerin und sang ein mächtig langes Lied, aber Du lieber Gott, die hatte ja gar kane Stimme; ei, dacht i mi, da mußt Du doch zeigen, daß Du es besser kannst und mit einem mal fang i an: Holdrio oho, Holdrio oho! Nun hätten's aber was erleben können, dös war ein Schreien und Lachen und ein Lärmen, der Vorhang mußte fallen. Ach, und nun der Direktor, hat der mi ausgeschumpfen: Sö sein ja eine ganz verrückte Person, sagte er, Sö sein auf der Stelle entlassen, sagte er. Nun bin i aber bös geworden: Wenn i nit mal auf dem Theater singen darf, wie mir der Schnabel gewachsen ist,

dann danke i für die ganze Prostimahlzeit, sagt i. Na und da bin i denn weggelaufen und die feinen Kleider werd' i dem Herrn Direktor wieder zurückschicken, i zieh meine früheren Kleider wieder an, die gefallen mir viel besser. I passe nit für's Theater, i habe viel mehr Talent zum Heirathen.
Wenzel. Das ist auch jedenfalls reeller.
Lola. Und dabei müssens mi helfen!
Wenzel. Ich? Wie so!
Lola. Durch Ihre Schuld bin i nach Berlin g'kommen, nun müssens mi a'n Mann verschaffen. Mei Hans hat g'sagt, er heirathet 'ne feine Dame, also muß i doch a nen feinen Herrn heirathen. (Sieht nach rechts.) Da kommt der Hans, wie blitzsauber er wieder ausschaut. Er hat richti schon 'ne ganz feine Dame am Schlafittchen. Dös kann i mi nit g'fallen lassen. Jetzt müssens mi die Cour schneiden. (Hält ihn.) Sö thun als ab wir verlobt sind.
Wenzel. Wenn ich nicht irre, bin ich schon anderweitig verlobt.
Lola. Es ist blos um den Hans zu ärgern.
Wenzel. Das kann wieder nett werden.

11. Scene.

Vorige. Hans. Frau Kiebitz. (Dann) Frosch. Arthur. Wenzel.

Fr. Kiebitz (am Arme von Hans, von rechts II., im Gespräch). Sagen Sie mir aufrichtig, werden Sie mir auch ewig treu sein.
Hans (zärtlich). Ewig!
Fr. Kiebitz. Dann gestatte ich Ihnen auch den ersten Kuß!
Hans. Wird mir ein großes Vergnügen sein. (Beide breiten die Arme aus.)
Lola (die eifersüchtig beobachtet hatte). Schnell, gebens mi a'n Kuß! (Breitet ebenso die Arme aus.)
Wenzel. O Gott, wie wird das enden. (Breitet die Arme aus.)
Hans (wie er Fr. Kiebitz küssen will, erblickt er Lola, wüthend). Untersteh Dich! —
Fr. Kiebitz. Was zögern Sie!
Lola (umarmt Wenzel). Mein lieber, guter, süßer Freund.
Hans (auf Lola zu). Willst Du gleich los lassen?
Fr. Kiebitz. Mein Herr, Sie kennen die Dame?

Hans (sich bezwingend). Nein! Ich habe ein Mädchen gekannt, schön und gut, aber das ist nicht diese Dame.

Lola. Auch i hab gekannt einen wackeren Burschen, aber dös is nit dieser feine Herr!

Hans (mit innerer Wuth zu Fr. Kiebitz). Geben Sie mir einen Kuß. (Umarmt sie heftig.) So das wird Lola ärgern.

Fr. Kiebitz. Mein theurer Freund!

Lola (zu Wentzel). Du bist mir der liebste Mensch auf der Welt. (Umarmt ihn.)

Wentzel (sich sträubend). Aber Lola!

Frosch (kommt a tempo von links II). Was seh ich, mein Schwiegersohn mit einer Andern?

Wentzel (verwirrt). Das ist nur ein Mißverständniß.

Frosch. Wo haben Sie meine Tochter gelassen.

Wentzel. Die, die ist mir abhanden gekommen.

Frosch. Auf der Stelle schaffen Sie mir meine Hedwig —

Wentzel. Sehr gern. (Will schnell nach rechts II. ab.)

Arthur (tritt ihm entgegen). Hiergeblieben. (Zu Frosch.) Also um einen solchen Mädchenverführer haben Sie mich abgewiesen? (Drohend zu Wentzel.) Sie werden mir Rede stehen.

Wentzel. Nachher, ich will mich nur umkleiden. (Will nach rechts II.)

Wenzel (tritt ihm entgegen). Gut mein Herr, daß ich Sie treffe. Sie haben sich zwischen mir und Erna gedrängt, Sie sind gefordert. Wir werden uns schießen über's Schnupftuch.

Wentzel. Meinetwegen. Nehmen Sie das Schnupftuch und lassen Sie mich schießen. (Will fort.)

Hans (tritt ihm entgegen). Wir haben auch noch ein Hühnchen mit einander zu pflücken. —

Wentzel (in der Mitte, losbrechend). Donnerwetter! Nun wird's mir aber zu bunt. Ich bin der friedfertigste Mensch von der Welt, ich kann keine Fliege an der Wand beleidigen, am liebsten wäre ich schon längst Vegetarianer geworden, weil es mir leid thut, daß das arme Vieh so abgemurcst wird, aber wenn ich erst wüthend werde, dann ist mir Alles einerlei. (Zu Frosch.) Behalten Sie Ihre Stellung, (zu Arthur) nehmen Sie Ihre Hedwig (zu Wenzel) und Sie Ihre Erna, (zu Hans) trösten Sie sich mit Ihrer Lola, aber mich laßt ungeschoren. (Will fort.

12. Scene.

Vorige. Chor der Herren. (Dann) Damen-Chor. Schusselich. Erna.

Quodlibet mit Ballade.

Wenzel, Hans, Lola, Fr. Kiebitz, Chor der Herren
(von hinten auftretend).

Wage nicht, hier zu entweichen!
Rache wird Dich doch erreichen!
:,: Steh, Verräther, Missethäter! :,:

Wenzel
(sich der Anstürmenden erwehrend und kühn vortretend).

Auf, in den Kampf! Was kann da sein?
Muth in der Brust, siegesbewußt,
Frag' ich, was soll das Schrein?
Seid Ihr den toll,
Oder süßen Weines voll.

Wenzel.

Du hast charmirt und fein soupirt,
Ganz ungenirt mich arg düpirt,
Solch loses Spiel ist mir zuviel,
Sei auf der Huth — das fordert Blut!

Lola
(auf Hans deutend).

Ganz recht, mein Herr, hier dieser Mann
Ist wahrlich so wie Don Juan,
Der Lieb und Treu noch nie gefühlt
Und nur mit Weiberherzen spielt.

Hans.

Macht nichts, macht nichts, liebes Kind,
Kehr mich nicht daran,
Du bist grad so falsch gesinnt
Wie der schlechte Mann.
Ich will nichts mehr von Dir wissen,
Werd' ich Andre lieben müssen.

(Zu Fr. Kiebitz.)

Giebt's doch, brauch' nur umzuschau'n,
Viele schöne Frau'n! —

Fr. Kiebitz
Nicht wahr, mein Wuchs ist nicht übel,
Ich bin auch ganz zierlich gebaut!?
Wenzel.
Na, wissen Sie, nehm'n Sie's nicht übel
Da hab' ich schon schön're geschaut.
Laura und Damen
(kommen herein maschirt, tragen Blumenstäbe).
Schmücket hier Thor und Thür,
Lasset zu Bräutchen's Zier
Und um sie zu erfreun,
Reichlich uns Blumen streun. —
Damit ihr süßer Duft
:,: Lieblich erfüllt die Luft. :,:
Frosch (kommt vor).
Wo ist Hedwig, meine Tochter? Ich suche die Braut!
Alle.
Hat denn Keiner von Allen die Hedwig erschaut?
Frosch.
Ja, so frag' ich viele Stunden schon nutzlos umher!
Alle.
Wir fürchten, es traf sie am End' ein Malheur.
Schusselich (hereinstürzend).
Fräulein Hedwig ist verschwunden,
Sucht vergebens weit und breit;
Nirgends hab' ich sie gefunden,
Discretion, Verschwiegenheit!
Alle.
Discretion, Verschwiegenheit!
Alle (pathetisch vorkommend).
Mag der Himmel ihr vergeben,
Was sie an dem Armen thut:
Sie verbittert ihm das Leben
Und er meint es doch so gut. —
(Alle wenden sich nach hinten.)
Erna (vortretend).
Halt! Bleibt nur am Ort,
Hedwig ist fort
Und läßt Euch grüßen!

Lola (oder Erna zu Frosch).

:,: Der Klügere giebt nach :,:
Es geht ihm sonst alsdann
Wie jenem Rittersmann,
Von welchem wir
Erzählen hier.

Alle (repetiren).

Frosch (stürzt ab).

(Alle bilden einen Halbkreis.)

Erna.

I.

Der junge Rittersporn
War Kunibart ein Dorn,
Dieweil er seine Tochter liebte,
:,: Ach so sehr! :,:

Alle.

Ach so sehr!

(Alle umarmen sich paarweise.)

Du, rief er wüthend aus,
Kommst Du noch mal in's Haus,
Zu meiner Tochter her, so lad ich
:,: Mein Gewehr! :,:

Alle.

Mein Gewehr!

(Imitiren das Laden und Anlegen des Gewehres.)

Es sollte nämlich führen
Zum Altar hin, Elviren
:,: Der Wenzislaus,
Der Knickebein! :,:

(Alle markiren einen alten Mann mit Podagra.)

Sie dacht', da kannst Du warten!
Und ging dann in den Garten
:,: Zum Rendezvous :,:
Im Mondenschein!

(Alle markiren Mondschein, d. h. kahle Platte.)

Alle
(tänzelnd mit entsprechenden Bewegungen).
:,: Dort saßen Beide sie
Arm in Arm voll süßer Harmonie! :,:
(Schlag im Orchester.)

II.

Ganz heimlich schlich in's Haus
Sich 'mal der Wenzislaus
Er überraschte sie und rief da:
:,: Ach, Herrjeh! :,:

Alle.
Ach, Herrjeh!
(Schlagen die Hände über'm Kopf zusammen.)
Ach, laß uns Beide flieh'n
So hört er sprechen ihn,
Geliebte, ich beschwöre Dich hier
:,: Auf den Knie'n :,:
(Die Herren sinken vor den Damen in die Knie.)
Komm Morgen an mein Fenster
Zur Stunde der Gespenster
:,: Da bin ich Dein :,:
Was kann da sein!
(Alle sinken sich an die Brust.)
Der Wenzel, der Empörte,
Sagt Vatern, was er hörte
:,: Und was er sah :,:
Das klatscht er da.
(Alle stemmen nach Art der Waschweiber die Hände in den Hüften und markiren Klatschen, heftig gestikulirend.)
:,: Erst ein Kuß!
(Alle küssen sich.)
Dann ein Kuß,
(Umarmung, wie bei Schmollis.)
So, immerzu! :,:
(Hand in Hand tänzelnd.)

III.

Es sperrt das arme Wurm
Der Alte in den Thurm
Und heute soll Verlobung sein, da
:,: Weinte sie :,:

Alle.

Weinten sie.

(Ziehen die Taschentücher und schluchzen.)

Die Liebe aber wacht
Und heimlich bei der Nacht
Durch eine Leiter ging es schleunigst
:,: Auf die Flucht :,:

Alle.

Auf die Flucht!

(Chassiren, jeder die Geliebte im Arm, nach hinten.)

Der Alte sprach zum Knappen:
Auf, sattle mir den Rappen,
:,: Den Rittersporn :,:
Dem muß ich nach.

(Alle reiten nach vorn.)

Am See sah man den Alten
Wuthschnaubend aber halten.

(Alle markiren, wie sich das Roß am See bäumt und sträubt.

:,: Das Liebespaar
Das saß im Kahn! :,:
Sie wurden nun ein glücklich Paar
Durch Priesters Hand an dem Altar
Und über's Jahr ward's Vater'n klar,
Daß er doch wohl zu grimmig war.

(Allgemeiner Tanz und Gruppe.)

(Ende des dritten Actes.)

Vierter Akt.

(Eleganter Salon. Entsprechend möblirt. Links Fenster und Thür. Rechts zwei Thüren. Mittelthür.)

1. Scene.
Schusselich. Minna.

Minna (mit Schusselich auftretend). Aber Herr Schusselich, wie kommen Sie denn hierher?

Schusselich (sich überall umsehend, galant). Sie waren der Magnet, der mich herführte!

Minna. Wußten Sie denn, daß ich hier conditionirte?

Schusselich. Mein Herz ist der Adreßkalender meiner Gefühle!

Minna. Und Sie wollten mich besuchen?

Schusselich. Was denn sonst? Nebenbei wollte ich auch etwas fragen. Unsere Tochter ist uns nämlich abhanden gekommen.

Minna (laut). Unsere Tochter?

Schusselich. Pst! Wenn ich sage „unsere", so meine ich damit dem Geheimrath seine Tochter.

Minna. Die ist durchgegangen.

Schusselich. Pst! Wenn das Jemand erführe, wären wir compromittirt in der ganzen Stadt. Mir ist der ehrenvolle Auftrag geworden, Fräulein Hedwig nach Hause zu bringen.

Minna. Haben Sie sie denn gefunden?

Schusselich. Nee, die ganze Nacht habe ich gesucht.

Minna. Wo denn?

Schusselich. In meiner Stammkneipe habe ich angefangen, dann bin ich sämmtliche anderen Kneipen durchwandert, aber vergeblich.

Minna (lachend). Sie glauben doch nicht, daß das Fräulein 'ne Bierreise gemacht hat?

Schusselich. Nee; aber ich wußte nicht, wo ich anders suchen sollte und dann mußte ich mich doch auch stärken bei der Anstrengung. Endlich kam mir'n Gedanke; vielleicht ist sie bei ihrer Cousine Erna. Wissen Sie nicht —?

Minna. Ich weiß nur, daß Fräulein Erna die ganze Gesellschaft von der gestrigen Landparthie eingeladen hat, um die unterbrochene Verlobung fortzusetzen. Weiter darf ich nichts verrathen.

Schusselich (für sich). Sie weiß was! Wenn die Weiber plaudern sollen muß man sie poussiren. (Laut, zärtlich.) Minneken, Sie sind doch noch gerade so hübsch wie dunnemals, diese rothen Haare und grünen Backen.

Minna (lachend). Können Sie denn immer noch nicht richtig sehen —

Schusselich. Mit den Farben verheddere ich mich manchmal. Aber das ist egal, Ihr Gesicht ist wie'n Borsdorfer Apfel, die sind doch auch grün und roth, da möchte man gleich hineinbeißen. (Küßt sie schnell, macht dann gleich wieder ein ernstes Gesicht.)

Minna (schreit auf). Pfui, das schickt sich ja nicht. Hier in Fräulein ihrem Salon.

Schusselich. Dann können wir ja wo anders hingehen. Wo geht's denn nach der Küche?

Minna (lachend). Immer der Nase nach.

Schusselich (schnuppernd). Also dort! (Deutet nach rechts II.) Villeicht finde ich da 'ne Spur von unserer Tochter. (Schnell rechts II. ab.)

Minna. Der wird mir die ganzen Kochtöpfe untersuchen. Ich muß ihm nur auf die Finger sehen. (Folgt ihm.)

2. Scene.

Wentzel. Wenzel.

Wentzel, Wenzel (Arm in Arm, singend, von links II).
„So zwei, wie wir zwei, giebt's nicht auf der Welt,
Wir sind die zwei ordentlichen Leut'."

Wentzel (bleibt plötzlich stehen, mit ernstem Gesicht). Eigentlich habe ich gar keine Ursache so vergnügt zu sein.

Wenzel. Undankbarer Mensch! Haben wir nicht Freundschaft geschlossen? Das ist doch Ursache genug!

Wentzel. Es war allerdings sehr freundlich von Ihnen —

Wenzel. Willst Du wohl „Du" sagen. Wenn Du noch einmal vergißt, daß wir Brüderschaft getrunken haben, zahlst Du zehn Seidel Strafe.

Wentzel. Ich kann mich noch nicht so schnell daran gewöhnen. Gestern wolltest Du mich umbringen —

Wenzel. Weil ich Dich für einen gefährlichen Intriguanten hielt, aber als ich bei der gloriosen Landparthie näher mit Dir in Berührung kam, da fand ich heraus, daß Du ein ganz harmloser guter Kerl bist und nur durch ein Mißverständniß meine Rolle gespielt hast. Hahaha, die Sache ist sehr komisch.

Wenßel (kläglich). Im Gegentheil, es ist sehr traurig. Ich träumte mich schon als Geheimrath, mit 'nem Orden, und was sonst noch dazu gehört; aber wenn der Herr Geheimrath erfährt, daß ich der falsche Wenzel bin, verliere ich meine Stellung und sitze da mit meinen drei Bräuten.

Wenzel. Drei Bräute! So'n Don Juan.

Wenßel. Ich kann, weiß Gott, nichts dafür. Da ist erstens die Hedwig; glücklicherweise ist sie durchgegangen, aber nun kommt Erna.

Wenzel. Die werde ich Dir abnehmen.

Wenßel (freudig). Wirklich?

Wenzel. Nur aus Freundschaft für Dich.

Wenßel. Das ist sehr nett von Dir. Aber nun kommt die Lola, die kenne ich, die läßt nicht locker. Und dann schwebt es mir so dunkel vor, als wenn mir noch eine Dame zärtliche Blicke zugeworfen hätte, die mit der Masse Bildung, nebst großem Rembrandthut und möblirter Vorderstube. Ich kann mich gar nicht mehr besinnen, was ich ihr gestern Abend Alles gesagt habe.

Wenzel. Bengelchen, ich bewundere Dich! Wenn einem von uns beiden der Titel „Der tolle Wenzel" gebührt, dann bist Du es, ich entsage feierlich jedem Anspruch. Du machst ja in Deiner Harmlosigkeit so viele tolle Streiche, daß ich gar nicht dagegen ankommen kann. Die Concurrenz ist mir zu gefährlich, ich möchte wirklich mal versuchen solide zu werden. Wenn ich nur wüßte, wie man das macht.

Wenzel. Du mußt arbeiten, fleißig arbeiten, wie ich das meine ganze Lebenszeit gethan habe.

Wenzel. Arbeiten? Das ist'n Gedanke! Darauf wäre ich gar nicht gekommen.

Wenzel. Es ist ein erhebendes Gefühl, wenn man das Geld so bei kleinem zusammenspart —

Wenzel. Um es im großen wieder zu verkneipen. Abgemacht, ich werde mich auf's Arbeiten legen. Es wird mir auch nichts anderes übrig bleiben, denn auf meine Tante darf ich nicht mehr rechnen, ich habe ihr nämlich geschrieben, daß ich niemals von Erna lassen werde, sie wird sich von mir lossagen, sie wird kommen um mich — (sieht zufällig nach dem Fenster). Herr Gott, da ist sie schon!

Wenzel. Wer denn?

Wenzel. Meine Tante! —
Wentzel. Deine Tante?
Wenzel. Ich bin verloren!
Wentzel. Bei „Meine Tante Deine Tante" verliert man gewöhnlich.
Wenzel (am Fenster). Wer ist denn bei ihr? Geheimrath Frosch!
Wentzel (erschrocken). Mein Geheimrath? Dann bin ich auch verloren.
Wenzel (am Fenster). Sie kommen hierher! Sieh doch nur, sie zanken sich. Sie scheinen wüthend zu sein.
Wentzel (ängstlich). Dann muß ich fort! (Sucht umher.) Wo geht's hinaus?! (Will nach der Mitte.)
Wenzel (lachend). Da läufst Du ihnen gerade in den Weg! —
Wentzel (rathlos). Wo soll ich denn hin? Ich will hinaus! (Will nach links.)
Wenzel (hält ihn). Ach was! Man muß dem Feinde die Stirn bieten.
Wentzel (resolut). Ja wohl. Ich werde ihm die Stirn bieten. Oho, er soll mich kennen lernen. (Deutet nach der Mitte.) Er kommt von dort, also gehe ich hier hinaus! — (Schnell rechts I. ab.)
Wenzel. Hahaha, Hasenfuß. Aber ich will doch auch lieber erst horchen, was sie hier wollen. (Folgt ihm.)

3. Scene.

Frosch. Frau Sieglitz.

Fr. Sieglitz (elegante Dame, hochfahrendes Wesen, in heftigem Gespräch mit Frosch durch die Mitte). Also so behandelt man seine alten Freunde. Ich komme nach Berlin, vertraue Ihnen an, daß ich große Verluste gehabt habe, daß mir eine Hypothek gekündigt ist, daß —
Frosch (heftig). Daß ich Ihrem leichtsinnigen Neffen eine gute Stellung verschaffen, ihm meine Tochter zur Frau geben und womöglich noch seine Schulden bezahlen soll. Dafür bedanke ich mich!
Fr. Sieglitz. Vergessen Sie nicht, wem Sie gegenüber stehen!
Frosch. Ach was, ich ziehe meine Einwilligung zurück.

Fr. Sieglitz. Und ich verbiete meinem Neffen, die Tochter eines so eigennützigen Menschen zu heirathen.

Frosch (wüthend). Wenn unsere alte Freundschaft nicht wäre, dann würde ich sagen —

Fr. Sieglitz (ebenso). Was würden Sie sagen?

Frosch. Sie sind —

Fr. Sieglitz. Ich bin?

Frosch. Sie, Sie sind —

Fr. Sieglitz (majestätisch). — eine geborene von Piepenhausen!

Frosch. Eine habsüchtige, alte Närrin sind Sie! Punktum, abgemacht! (Stürzt rechts ab.)

Fr. Sieglitz (außer sich). Ha! Da müssen sich ja meine Ahnen im Grabe umdrehen. Am liebsten möchte ich sofort wieder abreisen; aber ich muß noch zum Rechtsanwalt, wegen der Hypothek und dann will ich meinen Neffen mitnehmen. (Sieht sich um.) Wo bleibt nur dieses Fräulein Erna? Ich habe mich anmelden lassen und muß antichambriren? Unerhört!

4. Scene.

Frau Sieglitz. Erna.

Erna (in eleganter Salon-Toilette, durch die Mitte). Ah, da ist ja die liebenswürdige Tante, ich bin neugierig, wie ich mit ihr fertig werde.

Fr. Sieglitz (erblickt Erna). Noch eine Dame? (Zu Erna.) Verzeihen Sie, meine Gnädige, Sie warten wohl auch auf dies Fräulein Erna?

Erna (nimmt ebenfalls einen gespreizt vornehmen Ton an). Allerdings, meine Gnädige! Mich führt eine sehr wichtige Angelegenheit hierher! (Bei Seite.) Sie erkennt mich nicht, desto besser.

Fr. Sieglitz. Gerade wie mich, sonst würde ich wohl niemals die Schwelle einer Dame vom Theater überschritten haben.

Erna (immer im Charakter einer vornehmen Dame). Oh, meine Gnädige, Sie sprechen mir aus der Seele. Ich ärgere mich schon jedes Mal, wenn ich das Theater besuche und eine Schauspielerin auf der Bühne sehe: Wie die sich zu benehmen weiß, dieser Chic, diese Grazie, diese geschmackvollen Toiletten und dann wird sie applaudirt, mit Blumen und Kränzen geworfen und wir sitzen in unseren Logen und möchten vor Aerger platzen.

Fr. Sieglitz. Ja, ja, so geht es mir auch.

Erna. Und welchen Einfluß diese Damen vom Theater auf unsere Herren gewinnen. Ich sprach erst neulich mit dem Grafen Wiedehopf über diese Angelegenheit. Meine verehrte Freundin, sagte der Graf, (im Tone eines alten Kavaliers) ich versichere Sie auf Kavaliers=Parole, was wäre das Leben ohne Kunst und ohne Künstlerinnen. Es wäre schauderhaft in der sogenannten feinen Gesellschaft. Nur eine Dame habe ich ge= funden, die machte eine rühmliche Ausnahme, wie hieß sie doch gleich — eine geborene von Piepenhausen —

Fr. Sieglitz (geschmeichelt). Nicht möglich!

Erna. Ich versichere Sie, verehrte Freundin, sagte der Graf, das ist ein brillantes Weib, Temperament, Liebenswürdig= keit und dabei dieser Verstand, so ganz ohne Vorurtheile, wäre ich nicht ein so alter Knopf —

Fr. Sieglitz (verwundert). Knopf?

Erna. Wäre ich nicht ein so alter Knopf, sagte der Graf, die geborene von Piepenhausen heirathete ich vom Fleck weg, auf Kavaliers=Parole.

Fr. Sieglitz. Ich kann mich gar nicht besinnen, daß ich den Herrn Grafen persönlich kenne.

Erna (im früheren Tone). Wie, Sie sind doch nicht selbst —?

Fr. Sieglitz. Allerdings, ich bin die geborene von Piepen= hausen.

Erna (gerührt). Ah, diese Ueberraschung, diese Freude, eine Dame kennen zu lernen, von der ich schon so viel Gutes gehört habe, die ich verehren könnte wie eine Mutter, oder wie eine Tante. (Wischt sich die Augen.) Verzeihen Sie diese Thränen der Rührung, aber ich bin ein so zartbesaitetes Gemüth — wenn Sie wüßten, wie ich über Sie denke, wie ich mich freue —

Fr. Sieglitz (gerührt). Auch ich freue mich außerordentlich, eine so liebenswürdige Bekanntschaft gemacht zu haben.

Erna. Sie waren mir vom ersten Augenblick so sym= pathisch.

Fr. Sieglitz. Ich sagte mir sofort, mit der Dame möchtest Du Freundschaft schließen. Umarmen Sie mich.

Erna. Von ganzem Herzen. (Umarmt sie.)

5. Scene.

Vorige. Wenzel.

Wenzel (von rechts). Was seh' ich, Erna und meine Tante in zärtlicher Umarmung?

Fr. Sieglitz (erblickt ihn). Ah, da ist er ja, mein ungerathener Neffe.

Wenzel (auf sie zu). Tantchen, das freut mich, Dich gerade hier zu sehen. Also Du giebst Deine Einwilligung, daß Erna und ich —

Fr. Sieglitz. Fällt mir gar nicht ein!

Wenzel. Du hast sie doch eben umarmt?

Fr. Sieglitz. Wen?

Wenzel. Erna!

Fr. Sieglitz (zu Erna). Sie sind —?

Erna (lächelnd). Die viel geschmähte Künstlerin, der Sie aber erst eben die Ehre vollster Sympathie bewiesen haben.

Fr. Sieglitz. Ah, ich bin schändlich düpirt. (Zu Wenzel.) Du wirst mir augenblicklich folgen, oder Du bist enterbt.

Wenzel (lachend). Oh, Geheimrath Frosch hat mich über Deine Vermögens-Verhältnisse vollständig informirt. Ob ich Deine Schulden erbe oder nicht, das ist mir höchst einerlei.

Fr. Sieglitz. Wie, Du weißt?

Wenzel. Ich weiß, daß ich von jetzt ab auf eigenen Füßen stehen muß. Und das freut mich, denn nun werde ich arbeiten, ja, ja Tantchen, arbeiten. Aber ich muß auch wissen warum und für wen ich arbeite; deshalb brauche ich eine Frau. Und darum, trotz aller Tanten, frage ich Dich Erna, willst Du mein süßes, herziges Weib werden?

Erna. Die Antwort muß ich schuldig bleiben, denn so lange ich beim Theater bin, werde ich überhaupt nicht heirathen.

Fr. Sieglitz. Desto besser. Dann haben wir hier also nichts mehr zu suchen. (Will fort.)

Erna. Noch einen Augenblick. Ich hatte mir vorhin einen kleinen Scherz erlaubt, um mich ein wenig zu rächen wegen Ihres Vorurtheils gegen meine unbedeutende Person. Nun haben wir aber noch eine wichtige Angelegenheit mit einander zu besprechen. Ich bin die Inhaberin Ihrer ersten Hypothek. Und da Sie Ihr Gut doch auf die Dauer nicht halten können, habe ich die Hypothek gekündigt und werde auf der Subhastation die Besitzung selbst kaufen.

Wenzel. Erna!

Fr. Sieglitz (außer sich). Und zu welchem Zwecke, wenn ich fragen darf?

Erna. Um Ihrem Neffen Gelegenheit zu geben, sich als fleißiger, tüchtiger Mensch zu beweisen; wenn es Ihnen recht ist, werde ich ihn zum Verwalter ernennen. Oh, es ist keine leichte Stellung, das Gut ist bis jetzt schlecht bewirthschaftet und verlangt eine ganze Manneskraft.

Wenzel. Dann sollt Ihr sehen, was ich leisten kann.

Fr. Sieglitz (mit sich kämpfend, gerührt). Mein Fräulein, ich bin gewiß aus einer altadeligen Familie und habe meinen Stolz, aber ein solcher Beweis von Hochherzigkeit der ist mir noch nicht vorgekommen. Umarmen Sie mich!

Erna (umarmt sie). Also Sie sind mit mir einverstanden? Dann kommen Sie mit auf mein Zimmer, dort werden wir alles Weitere besprechen. Ich wußte es ja von vornherein, daß wir uns bald verständigen würden. Der Graf von Wiedehopf hat ganz recht, wenn er sagt: (Im Tone des Kavaliers.) In unserer ganzen vornehmen Gesellschaft kenne ich nur eine Dame die mir kolossal imponirt, und das ist die geborene von Piepenhausen. Auf Kavalierparole. (Mit Frau Sieglitz rechts ab.)

Wenzel (kommt vor, sieht ihr nach). Hab ich's nicht gesagt, nun wird doch geheirathet! (Folgt Beiden.)

6. Scene.

Lola. Hans.

Hans (mit Lola durch die Mitte. Beide im Anzuge des ersten Actes). Lola, sei doch wieder gut!

Lola. Geh, laß mi mei Ruh! Was soll denn nun werden?

Hans. Weiß ich's! Wir sind hier eingeladen zur Fortsetzung der unterbrochenen Verlobung.

Lola (kläglich). Dös wird wohl mei Verlobung mit Herrn Wentzel betreffen.

Hans (traurig). Oder meine Verlobung mit der Frau Kiebitz.

Lola (spitz). I mach Dir übrigens mei Kumpliment zu Deinem guten Geschmack. Wär i halt a Mannsbild, so'ne saubere Braut wie die Frau Kiebitz würd i mir a anschaffen.

Hans (heftig). Du bist ja Schuld an der ganzen Geschichte. Ich wollte sie ja nur heirathen um Dich zu ärgern.

Lola (heftig). Und Du bist nur Schuld daran, daß i den Herrn Wenzel gebeten hab, sich mit mi zu verloben.
Hans (seufzend). Nun ist nichts mehr zu ändern.
Lola (ebenso). Na, nun ist nix mehr zu ändern.
Hans. Da müssen wir uns Lebewohl sagen.
Lola. Lebewohl für alle Zeit.
Hans (will fort, kehrt zurück). Nein, ich gehe nicht, bevor Du mir nicht verziehen hast. Weißt Du noch, was Du einst zu mir sagtest: es wird die Zeit kommen, wo ich zu Deinen Füßen liegen und Dich um Verzeihung bitten würde. Die Zeit ist gekommen, hier lieg ich auf den Knien Lola, und bitte Dich, mir zu verzeihen. — (Kniet vor ihr nieder).
Lola (sehr gerührt). J war auch nah daran, a rechte Dummheiten zu machen. (Kniet neben ihm nieder.) Du weißt ja gar nit, wie leid Du mir thust.
Hans (ergriffen). Aber wollen wir nicht aufstehen?
Lola (gerührt). Laß nur, es kniet sich hier so hübsch.
Hans. Wenn ich noch daran denke als wir noch kleine Kinder waren. Da sind wir in den Wald gegangen, haben Blumen gepflückt und haben im weichen Moose gelegen. Da sagte ich zu Dir, Lola, wenn wir ganz große Leute sind, werden wir uns heirathen als Mann und Frau.
Lola (vergnügt). Ja, ja, i besinn mi! J sprang in die Höhe, (springt auf) tanzte und sang. Hans sagt i, das ist'n guter Gedanke von Di, heirathen!
Hans (ist ebenfalls aufgestanden). Dann überlegten wir, wie wir uns benehmen würden als Papa und Mama!
Lola (setzt sich auf einen Stuhl). J setzte mi auf einen Stein —
Hans. Ich zu Deinen Füßen. (Setzt sich auf ein Fußbänkchen neben sie.)
Lola. Und dann plauschten wir so vergnügt.
Hans (traurig). Das ist jetzt Alles vorbei!
Lola. Ach, kehrten die Tage unsrer Kindheit doch zurück.

No. 13. Duett.

(Bleiben in derselben Stellung und beginnen in leisem Ton).

Lola.
Weißt Du noch, wie einst vor Jahren
Unschuldsvoll und unbewußt
Wir als Kinder unerfahren
Drückten fest uns an die Brust.

Hans.
Lebens=Ernst und Liebes=Leiden
War uns gänzlich unbekannt,
Nur der Jugend reine Freuden
Knüpfen uns das Liebesband.
Beide.
Denkst Du noch an jenes Glück?
Schöne Tage unsrer Kindheit
Kehrt zurück, o kehrt zurück.
(Stehen auf, umarmen sich, nehmen Abschied von einander und wollen nach entgegengesetzten Seiten langsam abgehen.)

7. Scene.

Vorige. Wentzel. (Dann) **Schusselich.** (Dann) **Erna. Wenzel.**

Wentzel (ist schon etwas früher aufgetreten, blieb gerührt stehen und wischt sich die Augen mit dem Taschentuch). Ach Gott, ach Gott, was ist das für 'ne rührende Situation. Kinder, warum wollt Ihr Euch denn nicht wieder vertragen?
Lola. Ach, der Herr Wentzel. Sö sein eigentlich Schuld an der ganzen traurigen Begebenheit.
Wentzel. Ich?
Hans. Ja, Sie!
Lola. Hätten's mi nit das Geld geben, dann wär i gar nit nach Berlin kommen. Ich hätt' mich mit dem Hans wieder versöhnt und es wäre Alles gut gewesen.
Wentzel. Aber Kinder, das kann ja noch geschehen. Uebrigens ist das doch Alles nicht meine Schuld, ich sitze ja selber drin wer weiß wie tief, aber das hat Niemand weiter zu verantworten als — als — (erblickt Schusselich) als Sie!
Schusselich (ist gekommen und hat überall herum gesucht). Ich? Was? Wie? Inwiefern, woso?
Wentzel. Sie kommen mir gerade recht! Sagen Sie dem Herrn Geheimrath, Sie wären ein Esel gewesen!
Schusselich. Pst! Discretion und Verschwiegenheit!
Wentzel. Sie hätten den falschen Wentzel erwischt und der ließe sich bestens empfehlen und er müßte jetzt nothwendig nach Hause.
Schusselich. Was?
Wentzel (auf Lola und Hans). Wir Dreie gehen zurück in die Berge, dort verheirathen wir uns?

Lola, Hans, Schusselich. Alle Drei?
Wenzel. Nein, Ihr Beide, und mich — mich könnt Ihr als Euer Kind annehmen. (Will fort.)
Erna (tritt ihm entgegen). O nein lieber Freund, so kommen Sie mir nicht fort.
Wenzel (erschrocken). Ach, da ist ja noch 'ne halbe Braut von mir! (Zu Erna.) Sie haben doch nicht wirklich geglaubt, daß ich und Sie —?
Wenzel (ist mit Erna aufgetreten). Du weißt diese Sorge habe ich Dir abgenommen.
Erna. Aber Sie dürfen nicht so ohne Weiteres fort, Sie müssen sich erst bei dem Herrn Geheimrath rechtfertigen —
Wenzel. Dazu habe ich viel zu große Angst.
Wenzel. Du bist doch'n Mann!
Wenzel. Das ist möglich!
Erna. Machen Sie nur unser kleines Fest mit und dann bleiben Sie vielleicht doch noch in Berlin. Oder gefällt es Ihnen hier nicht?
Wenzel. Außerordentlich! Berlin ist ja 'ne göttliche Stadt!
Lola, Hans. Ach ja, herrlich!
Wenzel. Was man hier nicht Alles zu sehen bekommt.
Erna. Wir können ja mal 'ne kleine Revue passiren lassen.
Schusselich. Aber mit Discretion und Verschwiegenheit.

No. 14. Sextett.

Wenzel, Wenzel, Hans, Lola, Schusselich, Erna.

No. 1. Entreelied.

Alle.

Nun vorwärts Marsch! Mit Sang und Klang
  Uns Alle zu erfreu'n,
Wir wollen eine Stunde lang,
  Recht ausgelassen sein!
Humor und Frohsinn halten gerne
  Einzug in Berlin!
Was Lustiges, was Fröhliches,
  Das muß hier zieh'n.

Wenzel (spricht annoncirend).
Nach diesem Anfang geht's auf's heit're Ganze,
Es einen sich zum Liederkranze
Tyroler Sänger heute mal —
Die Rainer's aus dem Bibberthal!

Wenzel
(nach Tyroler Manier den Hut lüftend).
Nu kimmt a mal a andrer Fall! gesungen von uns.

No. 2. Lied mit Jodler und Brummstimmen.

Erna.
Unsre schöne Welt
Wäre schlecht bestellt,
Füllte Liebeslust
Keines Menschen Brust.
Darum heirath' schnell
Jeder Junggesell,
Denn jung gefreit
Hat nie gereut!
Macht der Herr Gemahl
Auch einmal Skandal
Giebt's auch von der Frau
Ehelich Radau;
Das ist Weltenlauf,
Frischt die Liebe auf,
Denn es kommt
Versöhnungskuß!
La la la la, Holdrio ꝛc.

[**Wenzel.***)
Wir lassen hier Revue passiren,
Specialitäten heute 'mal,
Da muß auch Bendix declamiren.
Wir überlassen ihm die Wahl!

Wenzel (oder **Schusselich**)
(der sich während des Liedes als „Bendix" spießbürgerlich costümirt hat. Verblichener Ueberzieher, rothes Halstuch, grauer Cylinder, rother Regenschirm. Geht in komischer Weise, immer den einen Fuß nach

---

*) Der eingeklammerte Vortrag kann für die Provinzial-Theater gestrichen werden, da die Copie eines bekannten Berliner Lokalkomikers außerhalb wohl kein Interesse erregen dürfte.

dem Takte der Musik etwas vorwerfend, während des Vorspiels einmal um die Bühne und stützt sich beim letzten Schlage der Pauke à tempo auf seinen Schirm).

No. 3. Auftrittslied.

(Singt.)
Mein Name, der ist Schlummerkopp,
Trotzdem bin ich kein dummer Kopp,
Und utzt mir wer, werd' ich nicht grob;
Ich denke blos: So'n fauler Kopp!
Und dann geh' ich ab!

(Prosa, sehr trocken und langsam vorzutragen.)
Ich bin nämlich furchtbar gemüthlich. — Ich kann das. Das stammt noch von meiner Mutter. Ich streite mich nie. Wenn mir Einer sagt, das rothe Meer ist das schwarze Meer, so sage ich: Du hast Recht — ich bin farbenblind. Meine Gutmüthigkeit geht weit. Uff'n Brief kleb' ich außer die Zehn=pfennig=Marke immer noch eine Fünfpfennig=Marke als Trink=geld für den Briefträger. Ich kann das. Mein Vater war Schuster; aber ich sollte eine andere Barrière einschlagen und mir nicht mit det Pech befassen, darum brachte er mir zu einem Porzellan=Maler, da mahlte ich aber blos Kaffee, die Tassen malte mein Meester und wenn die Frau 'mal Kuchen haben wollte, so konnte sie sich den ooch malen. Später kam ich zu einem Anstreicher, der hatte einen steifen Hals; er hatte auf dem Felde Kartoffeln gebuddelt und Zug bekommen — er konnte aber den Feldzug nicht vertragen. Wenn ich nun Nachmittags Möbel gestrichen hatte, mußt' ich ihm Abends immer noch die Mandeln streichen. Da starb mein Onkel und ich habe ihn beerbt. Nu habe ich sowas nicht mehr nöthig. Jetzt habe ich Allens sehr nobel. Ankeruhr mit Goldcajüte und ein emaillirtes Schifferblatt. Ich schnuppe sogar aus einer silbernen Dose. Das will ich mir aber abgewöhnen, denn Lehmann sagte neulich zu mir: „August, schnuppe nich den sauren Taback!" „Warum denn nicht," frage ick. „Du hast 'ne Kuppernase, meint er, wenn der saure Taback dran kommt, entsteht Jrünspahn*)

---

*) Während des Vortrages haben alle Betheiligten des Sertettes dabei gestanden und die Kalauer mit Kopfschütteln und Händeringen begleitet; bei dem Worte „Jrünspahn" rennen Alle entsetzt davon und treten erst nach dem Vortrag wieder auf. Wenzel gesellt sich während des folgenden Annoncirens wieder zu den Anderen.

und damit kannst Du Dir vergiften!" Ne — und so dumm
werd' ich doch nicht sein.
(Singt das Auftrittslied Nr. 3.)
Mein Name, der ist Schlummerkopp,
Trotzdem bin ich kein dummer Kopp,
Und utzt mir wer, werd' ich nicht grob;
Ich denke blos: So'n fauler Kopp!
Und dann geh' ick ab.]
(Komisches Gehen, wie vorhin, mit dem Hute grüßend, links ab.)]
Wenzel (spricht).
Speciell gehört zum guten Tone
Die italienische Oper hier.
Versteh'n wir Text auch nicht die Bohne —
Sie macht uns dennoch viel Plaisir.

No. 4.
(Die melodramatische Musik beginnt.)
Wentzel (annoncirend).
Kabala et Ama.
Grandiosa Opera da Verdi.
Quadro acti.

Präsidento (Hans)
Millerino (Wenzel)
Mamma Millerino (Lola)   ⎫ Verbeugen
Luisa, figlia (Erna)   ⎬ sich, wenn
Wurmio, secretario (Schusselich) ⎪ sie be-
Fernando, offiziro ... io (deutet auf sich) ⎪ zeichnet
Scritöri, pöblio   ⎪ werden.
Polizisti etc. etc.   ⎭

Luisa (geht melancholisch an's Fenster. Die Uebrigen rechts ab).
Mi Fernando! (Es klopft drei Mal stark.)
Ei per bacco! An di Thore
ticke tacko!
Fernando (erscheint im Hintergrunde).
Luisa (ihm entgegen).
O mi Fernando!
Fernando (sie umarmend).
Mia Luisa!
Luisa (hängt zärtlich an seinem Halse. Beide sind vorgekommen).
Mi paradisa!

Beide.
Mi paradisa!

Fernando (besinnt sich und schleudert sie fort).
Hydra, Hydra!

Luisa (bestürzt).
Mi amato?!

Fernando (dumpf).
Bringo glaso limonado!

Luisa (schwankend links ab).

Fernando (wütbend).
Tu mi beschummlio mit di visagio!?
O Fernando — (zieht ein Pulver hervor) curagio!

Luisa (mit der Limonade).
Si signoro!

Fernando (schüttet das Pulver hinein und trinkt davon).
Nu probiro.

Luisa.
O Fernando, i kani durstio.

Fernando (aufstampfend).
Das is mi schnuppio e wurstio.

Luisa (trinkt, schreit und sinkt dann in den Sessel).
Ah! il mori todt —
cospetto!

Fernando (zeigt ihr einen Brief).
Kennt, Luisa, dies Billjetto?

Luisa (ängstlich rufend).
Padre — madre!

(Millerino, Mamma Millerino, Diener, Volk eilen zu Luisa.)

Mamma Millerino.
Maledetto! (Voller Angst zu Dienern und Volk).
Zu chirurjo renni alli!
Dalli, dalli!

Fernando (sie zurückhaltend).
Halt! Bella donna . . .
grassi beisst si!
(Geht zu Luisa und richtet sie auf.)
O Luisa!

Luisa (zärtlich schwach).
Mi amato!
(Wurmio, Präsidento treten auf und postiren sich vorn rechts.)
Fernando (auf den Präsidento deutend).
Il padre habio bretto vor di Koppio.
Luisa.
In Koppo stroh, ja!
Fernando.
Mi amato, versagio, quatschio!
Mir deiner patschio!
Millerino (weinerlich).
O si sponsirio ni mit Kalbo —
(Millerino und Mamma halten Luisa.)
Luisa.
O mi Fernando ... dero halbo?
(Sinkt sterbend in Millerino's Arme zurück.)
Millerino.
O ciello! Futsch — zu spöte ...
Fernando (tragisch vortretend).
Ah, miserable pusto Flöte!
Alle (die Hände zum Himmel erhebend).
O miserable pusto Flöte!
Fernando (wirft sich voll Verzweiflung über Luisa und stirbt).
(Alle ab.)
Wenzel (spricht aufspringend).
Nu geht ihnen die Puste aus! (Ab.)

8. Scene.

Frosch. Arthur. (Dann) **Schusselich. Minna.**

Frosch (erregt mit Arthur von rechts). Sie wagen es mir in's Gesicht zu sagen, daß Sie meine Tochter entführen wollten?
Arthur. Was blieb uns übrig, Herr Geheimrath. Wir lieben uns, Sie haben uns wiederholt Ihre Einwilligung versagt. Hedwig in den Armen eines Anderen zu sehen, konnte ich nicht ertragen. Da mußten wir ja durchgehen.
Frosch. Und Sie wissen nicht wo meine Tochter jetzt ist?
Arthur. Sie ist spurlos verschwunden. Eine alte Frau wollte ihr zur Flucht behülflich sein, ich bin jetzt fest überzeugt es war Fräulein Erna, die sich verkleidet hatte.

Frosch. Sollte sie sich wirtlich hier befinden?

Schusselich. Pardon, Herr Geheimrath, hier ist sie nicht, ich habe die ganze Küche untersucht, sogar den Speiseschrank.

Frosch. Wo ist Erna, ich will mich ja gern mit ihr versöhnen, ich habe es längst eingesehen, daß ich zu hart gewesen bin.

9. Scene.

Vorige. Erna. Wentzel. Fr. Sieglitz. Wenzel. Hans (und) **Lola.** (Alle treten nach und nach auf.)

Erna (kommt vor). Ist das Dein Ernst, Onkelchen, wir sollen gute Freunde werden?

Frosch. Es sei Alles zwischen uns vergeben und vergessen, wenn Du mir sagst, wo ich mein Kind finde.

Erna. Wirst Du auch der Neigung ihres Herzens nicht mehr entgegen stehen?

Frosch (auf Arthur). Ich will in Gottesnamen meinen Segen geben, denn der tolle Wenzel bekommt sie unter keiner Bedingung.

Wentzel (vortretend). Dafür sage ich Ihnen meinen verbindlichsten Dank.

Frosch. Wie? Lassen Sie sich auch wieder sehen?

Erna. Aber das ist gar nicht der tolle Wenzel!

Frosch. Wer denn?

Wenzel. Das war ich, aber jetzt bin ich der vernünftige Wenzel.

Frosch (zu Wenzel). Und wer sind Sie?

Wentzel. Ich bin ja der Registrator Wentzel, mit 'nem „t!"

Frosch. Wirklich? Sie erwarte ich ja schon seit acht Tagen!

Wentzel. So lange bin ich auch schon bei Ihnen?

Frosch. Das ist 'ne schöne Geschichte, und ich hatte schon Ihr Patent als Geheimsecretär ausfertigen lassen, aber jetzt —

Erna (leise zu ihm). Onkelchen, klein beigeben, Du blamirst Dich sonst fürchterlich.

Frosch. Ja, ja, hm, hm! Also nur ein Mißverständniß. Geben Sie mir Ihre Hand, Herr Geheimsecretär. (Giebt ihm die Hand.)

Wentzel (entzückt). Also doch etwas Geheimes? Wie steh' ich da!

Erna. Und nun kann die unterbrochene Verlobung zu

Ende geführt werden. (Klatscht in die Hände. Man erblickt Hedwig, umgeben von den jungen Mädchen in hübscher Gruppe.)

10. Scene.

Vorige. Hedwig. Mädchen.

Hedwig (eilt vor). Vater, kannst Du mir verzeihen?
Frosch (umarmt sie). Kind, welche Sorge hast Du mir gemacht!
Wentzel. Na und wenn Sie erst wüßten, was Sie mir für Sorgen gemacht haben. Ich kam ja aus den Verlobungs=Verhältnissen gar nicht mehr 'raus. — Nun müssen Sie mir aber doch sagen, wer der Glückliche ist, der mir die süße Last abnimmt?
Erna. Dafür ist gesorgt. (Zu Arthur.) Mein Versprechen habe ich gehalten, empfangen Sie die Braut aus meiner Hand zurück. (Giebt Hedwig und Arthur zusammen.)
Wenzel (zu Erna). Nun, Erna, wollen wir diesem guten Beispiel folgen?
Erna. Was bleibt mir übrig, mein Herz gehört Dir schon längst, hier hast Du meine Hand.
Lola (Hand in Hand mit Hans). Wir sind a verlobt —
Wentzel (alle gerührt betrachtend). Drei glückliche Paare! Seht Ihr Kinder, das habt Ihr eigentlich mir zu verdanken. Na, über's Jahr, beim ersten kleinen Wenzel, da vergeßt nicht den Registrator Wenzel.
Schusselich. Pst! Discretion und Verschwiegenheit!

Nr. 15. Schlußvers.

Wenzel.
Haben Sie sich amüsirt;
Nach Herzenslust gelacht;
Wird am Schlusse applaudirt
Ist unser Glück gemacht,
:‚: Sieh' Dir mal, ruft Jeder dann,
Den tollen Wenzel an!

Alle
(repetiren die letzten zwei Reihen).

Schluß.